岐路に立つ立憲主義

憲法理論研究会編

敬文堂

〈目次〉

第一部　立憲主義の展望

第二部　立憲主義と司法

第三部　立憲主義と人権

第四部　立憲主義の現代的課題

書評

第一部　立憲主義の展望

日本における憲法パトリオティズム論の展開

斎藤一久
（東京学芸大学）

はじめに

Yahoo や Google などの検索エンジンで「憲法」と入力すると、関連するキーワードとして、九条や二五条が挙がる。これは憲法をめぐる市民の関心がこれらの条文にあることを示しているものと思われる。この種の傾向は世論調査にも表れている。たとえばＮＨＫ放送文化研究所の「日本人と憲法二〇一七」調査[(1)]によれば、「平和主義をかかげた今の憲法を誇りに思う」という質問項目で、四三・七％の人が「そう思う」と回答し、「どちらかといえば、そう思う」を合わせると、八〇％を超えている。また同研究所の「日本人の意識」調査において「権利に関する知識」という調査[(2)]では、「生存権」が七八％と高い認知率になっている。

本稿では、このような市民の憲法意識の中でも、「憲法への愛着（attachment）」について取り上げたい。主として憲法上の特定の条文への愛着について検討した後、いわゆる憲法パトリオティズム論について論じる[(3)]。

一　憲法上の条文への愛着

ドイツにおいても、憲法に関する意識調査がなされている。二〇一三年に行われた調査[4]では、「ドイツ連邦共和国の建国以来、ドイツで最も成功したものは何ですか」という質問に対して、六〇％の人が「基本法」と回答しており、ドイツにおける基本法への信頼の高さが伺える。

憲法への愛着については、憲法典への愛着だけでなく、憲法典上の条文への愛着も想起される。先のNHK放送文化研究所の「権利に関する知識」[5]調査における二〇一三年調査では、「憲法によって、国民の義務ではなく権利とされていると思うもの」を六つの選択肢の中からいくつでも選べるという質問で、七八％の「生存権」から認知度の高い順に、三六％の「表現の自由」、二二％の「団結権」という結果となっている。[6]

これに対して、ドイツでは先の二〇一三年調査で「国民の視点からの個々の基本権の重要性」という質問項目があるが、一位は一条一項の「人間の尊厳」、二位は五条一項の「意見表明の自由」、三位は三条二項の「男女同権」となっている。日本の調査と比較すると、認知度と重要度の違いはあるものの、ドイツにおける国民の憲法意識は、日本の憲法学が重要視している権利が上位にランキングしており、日本にとっては模範的な憲法意識が形成されていると評価できる。

もっとも戦後、西ドイツで行われた一九四九年の調査では、憲法に興味を有していると答えた人が二一％しかおらず、また一九四七年から一九四九年の調査では、経済の安定や所得向上を目指す統治改革を求める人が六〇％であるのに対して、選挙の自由、意見表明の自由、プレスの自由、宗教の自由のそれを求める人は二〇％に過ぎなかったことは興味深い。[7]この点、日本においても、九条は「制定当初より大多数の国民から圧倒的な支持を得ていた」と言われることがあるが、このような見方には「じつはほどんと根拠がない」との主張[8]が最近ではなされているところである。

ところで日本のアンケートの選択肢には「納税の義務」も含まれているが、認知度は四七%とかなり高く、一九七三年の三四%から一貫して上昇している。[9]このアンケートはあくまで「権利」に関するものであるが、その中で「義務」がこれほど高いというのは驚くべきことであり、これは市民の憲法に関する知識が十分ではないことの証左であると言わざるを得ない。

二　憲法上の普遍的価値への愛着：憲法パトリオティズム

(一)　憲法パトリオティズムとは何か

憲法への愛着に関連する議論というと、憲法学では憲法パトリオティズムがまず第一に思い浮かぶ。

憲法パトリオティズム

「この表現は、言葉の上では矛盾を抱えている[10]」と、ヤン＝ヴェルナー・ミュラーが指摘するように、憲法とパトリオティズムは、本来、水と油のようなものであり、一つのものとなる運命にはないように思われる。すなわち憲法とは、国家権力を制限するものであるが、これに対してパトリオティズムは、とりわけ国家に対して、我々の心を熱くさせたり、動員を促したりする概念であり、究極的には我々の生命を捧げる動機ともなりうるものである。また憲法は権利や自由を保障するものであるのに対して、パトリオティズムはそれらを侵害する脅威となる存在である。

この奇妙なキメラ的概念は、その言葉の響きの美しさ、そして日本ではユルゲン・ハーバーマスの名前とともに紹介されたこともあってか[11]、その奇妙さに気が付かれることなく受容されているように思われる。むしろその内実の理解から離れ、「憲法典を愛する」、また「特定の憲法条文への愛着」という理解が一人歩きしているおそれも日本では否定できない。

　では、憲法パトリオティズムとは何か。これを一言で定義することはかなり困難ではあるが、ミュラーによれば、「政治的愛着の中心がリベラル・デモクラシー憲法の持つ諸規範、諸価値、間接的には諸手続きに置かれるべきというアイデア(12)」であるとされる。つまり憲法上の普遍的価値である自由や平等などに対する愛着である。政治哲学上、鳥瞰的に見れば、民族としてのネーションを連帯の資源とするナショナリズムとは正反対の位置にある。またネーションを共同体の連帯の資源とするリベラル・ナショナリズムと、地球市民、世界市民といった言葉に象徴されるように、世界を連帯の資源とするコスモポリタニズムの中間にある議論とも位置付けられるものである。

　憲法パトリオティズムについては様々な誤解があると言われており、以下ではミュラーの整理を参考にし(13)、誤解の解消を通じて、当該概念にアプローチしたい(14)。

（一）憲法パトリオティズムをめぐる誤解

①憲法パトリオティズムは、憲法典上の特定の条文への愛着ではない。

　憲法パトリオティズムは、憲法上の特定の条文への誇りといった類のものではない。憲法上の自由や平等（また民主主義、法治国家、人権など）への愛着のことを言う。

　もっとも憲法パトリオティズムの発祥地であるドイツでは、帰化申請の際に、“Leben in Deutschland”という憲法の知識を問うテストが実施されている。以下のように、六〇分で三三問が出題され、一七問正解で合格というものである（以下はテストの抜粋であり、■は正解）。

一．ドイツでは、何人も政府に対して公に発言することは許されている。それは以下の理由からである。

□宗教の自由が適用される。
□税金を支払っている。
□選挙権を有している。
■言論の自由が適用される。

二．ドイツでは親は子どもが一四歳になるまでに、子どもが学校で以下の授業に参加するかどうかを決定しなければならない。

□歴史の授業
■宗教の授業
□政治の授業
□語学の授業

三．ドイツは法治国家である。これが意味するところは何か。

■すべての住民及び国家は法律を遵守しなければならない。
□国家は法律を遵守しなくてもよい。
□ドイツ人だけが法律に従わなければならない。

□裁判所が法律を作る。

帰化にあたって、国家の基礎となる憲法の知識を問うことは憲法パトリオティズムの表れであるとも捉えられなくはない。しかし二〇〇八年段階のテストでは、以下の設問のように、「現代ヨーロッパの価値観とイスラームの価値観の相克をつく出題[15]」がなされており、憲法パトリオティズムと相反する要素も多分に含まれている以上、憲法パトリオティズムの具体化とは言えないであろう。

二四二．ドイツの法律にあたるのはどれか。
□通りで喫煙してはならない。
□女性はスカートをはかなければならない。
■子どもを殴ってはいけない。
□女性は飲酒してはいけない。

②憲法パトリオティズムはドイツ特有のものではない。

憲法パトリオティズムは、戦後ドイツにおいて展開された構想である。すなわちナチスの歴史を背負う、東西に分断されたドイツ連邦共和国という特殊な歴史的文脈において生まれている。具体的には政治学者のドルフ・シュテルンベルガーが、ドイツ連邦共和国建国三〇周年の一九七九年に提唱したものとされている。その後、歴史家論争におけるユルゲン・ハーバーマスの議論の中で有名になり、二〇〇〇年代以降、社会統合の一つのあり方を示すものとして注目されるようになった。

このような経緯からドイツ特有のものであると捉えられることが多いが、必ずしもこのような起源に捕らわれる必要はないとされる。現在では、主として政治哲学において連帯の資源として議論されているほか、(16) EUへの応用可能性も検討されており、(17) もはやドイツ特有のものとは言えないであろう。

③憲法パトリオティズムは抽象的で普遍主義的過ぎる（理想論である）。

憲法パトリオティズムはあくまで真空の中にある理論ではなく、憲法パトリオティズムによって、自由や平等といった普遍的価値を各々の共同体内に特殊化させ、定着させることが要請される。とりわけミュラーによれば、さらにここから多様な憲法文化が生じるとされる。(18)

確かにエルンスト＝ヴォルフガング・ベッケンフェルデが「ゼミ室で生まれた血の気のない思想」(19) と揶揄したように、このような抽象的なアイデアに本当に愛着を感じることができるのか疑問がないとは言えない。しかし、日本の文脈では、先に紹介した憲法九条への愛着、また平和的生存権といった憲法文化が生じており、このような文化を通じて、抽象的で普遍主義的過ぎるとの批判は回避し得ると考えられる。

三　憲法パトリオティズムの応用可能性

(一) ドイツでの議論状況

憲法パトリオティズムについて、ドイツの憲法学ではそれほど議論があるわけではない。とりわけ二〇〇〇年以降の憲法解釈に関する議論の次元では、数えるほどしかないと言ってよい。たとえばドイツ基本法の代表的な註訳書であるマウンツ／デューリッヒのコンメンタールでは、次の二箇所にしか憲法パトリオティズムに関する記述がない。一点は、基本法の前文に関する「国家と憲法の関係」の節で、

「ドルフ・シュテルンベルガーの意味での『憲法パトリオティズム』が発展し得たのは、国家と憲法との相互関係の中でのみである」と記されている[20]。また基本法二二条の「国家シンボルへの所属：総論」の章で、国旗、国歌、祝日以外の国家シンボルの候補として、基本法二〇条一項、そして「ドイツ連邦共和国基本法」という題名にある「ドイツ連邦共和国」は国家シンボルとなり得るが、法律、憲法は候補ではないとされる中で、この種の問題のヒントとして憲法パトリオティズムが指摘されている。そして「パトリオティズムは常に憲法パトリオティズムである（そうでなければならない）」とされ、また「すべての国家に必要とされる、国家と市民との同定は、憲法パトリオティズムへ立ち戻ることなく、広まり得ないし、消去もできない」とされている[21]。

さらにドイツの国籍法に関する代表的なコンメンタールでは、「ドイツの国籍法とEU市民権」の章の中にある「国籍の意味の変化」という節で、「憲法パトリオティズム、基本権の基本的な憲法価値へ立ち戻ることが国家の内的安定性を確保するのに十分かどうかは、解答が出ていない」と述べられるにとどまる[22]。

このようにドイツの憲法学では、国家論ないし社会統合をめぐる諸問題への処方箋の一つとして憲法パトリオティズムが議論にはなっているが[23]、憲法解釈の次元では問題とはされていないように思える。それゆえ、以下ではあくまで試論にとどまらざるを得ないが、日本における憲法パトリオティズム論の展開可能性を検討してみたい。

（二）日本での展開可能性

井上典之は「『国家と憲法』の関係を考え直す素材として、日本国憲法の正当性を他国からの『押しつけ』として批判し続けて『美しい国』とのスローガンに頼ることで統一体としての、『愛国心』に富む統合された国民による国民国家の再生・強化を求めるよりも、グローバル化に直面する現在におけるその存在基盤の脆弱性を前提に、政治的共同体としての国家を憲法によって補完しようとする議論としての憲法パトリオティズムに求めることは、一つの選択肢と考えることは可能といえるのではないだろうか[24]」と指摘している。

井上が指摘するように、日本の社会も、市民が相互に信頼し、互いを支え合っていこうとする連帯意識が喪失していく状況の中で、連帯の資源、すなわちナショナリズムの代替物として、憲法パトリオティズムが用いることができる余地があると考えられる。この点、二〇一二年に発表された自民党の日本国憲法改正草案には、その前文に「日本国民は、国と郷土を誇りと気概を持って自ら守り、基本的人権を尊重するとともに、和を尊び、家族や社会全体が互いに助け合って国家を形成する。……日本国民は、良き伝統と我々の国家を末永く子孫に継承するため、ここに、この憲法を制定する」と定められているが[25]、このような単線的かつ同質的な国民的ナラティブに依拠する改正案については、憲法パトリオティズムと明らかに矛盾し、批判されるべき対象である。むしろ憲法パトリオティズムからは、「常に開かれそして未完成のもの（言い換えるならば、過去の人々が参加し、そして、我々の子孫に力を注いでほしいプロジェクト）として[26]」（傍点筆者）の憲法文化が、これには代替されるべきであろう。

とりわけ二〇一九年の天皇退位をめぐる一連の動き、そして二〇二〇年には東京オリンピックという大きな流れの中で、日本ないし日本国民の社会統合の過剰が生じるおそれが十分に予測され、このような状況への対抗軸として、憲法パトリオティズムの出番、たとえば少数派の異議申し立てを擁護する役割を引き受けることはあり得るだろう。

ところで、憲法パトリオティズムは市民のエンパワーメントにも向けられているとされる[27]。この点、憲法パトリオティズムと法教育や憲法教育との関係について本稿では十分に検討できないが、たとえば二〇一八年から小学校で導入され、二〇一九年から中学校で導入予定の「特別の教科　道徳」が、憲法上の自由や平等などの普遍的価値を道徳的価値によって相対化させるような場合には、憲法パトリオティズムから批判が加えられるべきである。また二〇二二年に導入予定の高校の科目「公共」について、高等学校学習指導要領の中で、指導計画の作成に当たって配慮する事項として、「道徳教育の目標に基づき、この科目の特質に応じて適切な指導をすること」と規定されているが、この種の相対化も批判の対象となり得る。

おわりに

憲法パトリオティズムは、時として万能薬のように捉えられることがある。しかし厳密な意味での憲法解釈への展開可能性には限界がある。これは憲法パトリオティズムが「共和主義的直観[28]」であり、「議論のための議論[29]」という側面があるからであろう。したがって、本稿では、憲法パトリオティズムのビジョン、またはそこから導かれるであろう展望を示したに過ぎないかもしれない。樋口陽一は「日本では、『憲法パトリオティスムス』は、批判理論としての性格を強くもたざるを得ない」と指摘しているが[30]、憲法パトリオティズムは、まさに憲法とともにある批判理論であり、現時点ではそれにとどまる可能性も否定できない。

また憲法パトリオティズムは、憲法上の普遍的価値への愛着という、かなり高尚な議論とも言える。安念潤司の言葉を借りれば、「一種のエリーティズムの色彩[31]」を帯びている憲法論であり、一般の人々に訴えるという意味では、素朴で単純な「民族としてのネーション」に訴えるナショナリズムよりも優位に立てるとは断言できない点は認めざるを得ないだろう。確かに立憲主義は、二〇一五年の安保法制をめぐる議論でかなり定着したかにも見える。しかしながら、エリートを越えて、果たして一般の人々にまでその理解が深まっているかについては疑問がないわけではなく、それ以上に抽象的な憲法パトリオティズムにどこまで期待できるかは未知数と言わざるを得ない。

この点、一般の人々の憲法理解に関して、境家史郎によれば、憲法改正に賛成か反対かという意見について、多くの有権者はかなり短期間（少なくない人が数か月単位）で変えているとされ、その上で憲法意識の安定性を左右する鍵は憲法問題に関する知識の量であると指摘する。(32) つまり現状において、一般の市民の憲法に関する知識はまだまだ十分ではなく、憲法意識の安定には、憲法教育、すなわち市民の憲法リテラシーを高めることが不可欠である。(33) 憲法パトリオティズムは、このような憲法リテラシー、とりわけ憲法上の普遍的価値からの批判的能力の育成を支える理論的バックボーンとなり得るのではないだろうか。

脱稿後、法律時報九〇巻九号（二〇一八年）一二八頁以下に掲載されている横大道聡「憲法学と『世論』」及び境家史郎「日本人の憲法観」に接した。

（1）http://www.nhk.or.jp/bunken/research/yoron/pdf/20170509_1.pdf（二〇一八年七月一日閲覧）
（2）ＮＨＫ放送文化研究所編『現代日本の意識構造〔第八版〕』（ＮＨＫ出版、二〇一五年）。
（3）本稿と重複する内容もあるが、より広範に日本における展開可能性を検討した論考として、斎藤一久「日本における憲法パトリオティズムの可能性の探求」『戸波江二先生古稀記念　憲法学の創造的展開　上巻』（信山社、二〇一七年）一三三頁以下参照。

（4）Oliver Bruttel und Nabila Abaza-Uhrber, Die Sicht der Bevölkerung auf Grundgesetz und Bundesverfassungsgericht, DÖV, 2014, S. 510 ff.

（5）憲法典だけではなく、憲法附属法、たとえば準憲法的性格があると言われた旧教育基本法への愛着も語りうる余地があろう。この点、斎藤一久「国民共通の意識としての愛国心と公共心」法律時報増刊『憲法改正問題』（日本評論社、二〇〇五年）二四四頁以下参照。

（6）安念潤司はこのような傾向について「日本人にとって憲法は、何よりも『暮らし』の守り手なのである」とした上で、「『暮らしの中に憲法を生かす』とか、『職場に憲法を生かす』といったような、英語にはとても翻訳できない表現が、違和感なく受け入れられているのも、こうした『暮らし』主眼の憲法イメージに由来するのはないかと思われる」と指摘している（同「政治文化としての立憲主義」紙谷雅子編著『日本国憲法を読み直す』〔二〇〇〇年、日本経済新聞社〕四二頁以下）。

（7）Sebastian Ullrich, Der Weimar-Komplex, Wallstein Verlag, 2009, S. 195.

（8）境家史郎『憲法と世論』（筑摩書房、二〇一七年）七〇頁以下。このようなの見方の根拠となっている調査として、たとえば毎日新聞が一九四六年五月に実施した憲法意識調査の標本には大学出身者三九％、官公吏が二四％である一方、女性は一三％、農業従事者は六％しか含まれておらず、これは「当時の実際の人口構成から遠くかけ離れたものである」と指摘されている（同書六五頁）。

（9）ドイツ基本法には納税義務の規定は存在しない。

（10）ヤン＝ヴェルナー・ミュラー（斎藤一久・田畑真一・小池洋平監訳／安原陽平・根田恵多・菅沼博子訳）『憲法パトリオティズム』（法政大学出版局、二〇一七年）一頁。当該翻訳は Jan-Werner Müller, Constitutional Patriotism, Princeton University Press, 2009 であり、ドイツ語版としてミュラー自身が書いたものとして Verfassungspatriotismus, Suhrkamp, 2010 がある。

（11）憲法学における研究としては、とりわけ以下のものが挙げられる。樋口陽一「戦後憲法の暫定性と普遍性・永続性」同『転換期の憲法？』（敬文堂、一九九六年）二一頁以下、毛利透『民主政の規範理論』（勁草書房、二〇〇二年）、同「憲法の前提としての国家と憲法による国家統合」岡田信弘ほか編『憲法の基底と憲法論』（信山社、二〇一五年）九三頁以下、栗城壽夫「立憲主義の現代的理解」憲法問題四号（一九九三年）七頁以下、高田篤「戦後ドイツの憲法観と日本におけるドイツ憲法研究」『講座・憲法学　別巻　戦後憲法・憲法学と内外の環境』（日本評論社、一九九五年）四二頁以下、石村修「今日の憲法国家における国家目的」『憲法国家の実現』（尚学社、二〇〇六年）六一頁以下、井上典之「立憲主義と憲法パトリオティズム」公法研究七〇号（二〇〇八年）八三頁以下、松村芳明「共和主義と憲法文化」専修法学論集一二三号（二〇一五年）二八三頁以下。

（12）ミュラー・前掲『憲法パトリオティズム』二頁。

（13）Müller, Verfassungspatriotismus, S. 151 ff.

（14）日本での展開可能性の議論に関係する部分に限定する。憲法パトリオティズムをめぐる誤解については、ミュラー・前掲『憲法パトリオティズム』二〇九頁以下参照。

（15）佐藤裕子「移民からドイツ人へ—ドイツ帰化テスト導入をめぐって」浜本隆志・平井昌也編著『ドイツのマイノリティ』（明石書店、二〇一〇年）一三五頁以下。なお問二四二も同論考より引用。

（16）ミュラー・前掲『憲法パトリオティズム』の「監訳者あとがき」（二〇一頁以下）参照。政治理論における研究としては、とりわけ以下のものが挙げられる。齋藤純一「デモクラシーと社会統合」『政治と複数性——民主的な公共性にむけて』（岩波書店、二〇〇八年）三七頁以下、田畑真一「普遍性に根ざした政治文化の生成——J・ハーバーマスにおける憲法パトリオティズム論の展開」『社会思想史研究』三八号（二〇一四年）二〇四頁以下、牧野正義「ハーバーマスのアイデンティティ論：憲法パトリオティズム論を中心に」『西日本哲学年報』一六（二〇〇八年）九一頁以下、ジュスティーヌ・ラクロワ（石川裕一郎訳）「憲法パトリオティズムの可能性」慶應法学二九号（二〇一四年）三九〇頁以下。

（17）ミュラー・前掲『憲法パトリオティズム』一二五頁以下。

（18）ハーバーマスのいう「政治文化」に対応している。

(19) Müller, Verfassungspatriotismus, S. 15.
(20) Maunz/Dürig (Berg.), Grundgesetz-Kommentar 79. EL Dezember 2016, Präambel Rn. 45-48.
(21) A.a.O., Art.22 Rn. 43.
(22) Hailbronner/Renner/Maaßen (Hrsg.), Staatsangehörigkeitsrecht, 6. Auflage 2017, Rn. 63-65.
(23) とりわけ毛利・前掲書一〇頁以下のヨゼフ・イーゼンゼーの議論を参照。
(24) 井上・前掲論文九二頁。
(25) いわゆる改憲派の中には「歴史、伝統、文化を破壊された屈辱感、という一言に尽きる。憲法の前文を読む人は誰もが気付くだろう。国の基本法である憲法の前文は著書で言えば表紙である。前文を持たない憲法を持つ国もあるようだが、この表紙には『日本』がない」(田久保忠衛「今、なぜ憲法改正か」産経新聞社『国民の憲法』〈産経新聞出版、二〇一三年〉一〇頁)といったように、日本国憲法の前文の改正に執拗な拘りを見せている面がある。しかし、このような「日本国民のナラティブ」を憲法に書き込むことは、普遍的な価値を重視する憲法パトリオティズムからすれば、批判の対象とならざるを得ない。
(26) ミュラー・前掲『憲法パトリオティズム』八二頁。
(27) 同前一八頁。
(28) 同前一八七頁。
(29) 同前一九〇頁。
(30) 樋口・前掲書三四頁。
(31) 安念・前掲論文四一頁。
(32) 境家・前掲書二七二頁。
(33) 憲法リテラシーについての筆者の考えについては、斎藤一久「法教育における憲法教育と憲法学」法学セミナー六六二号(二〇一〇年)二九頁以下、同「法教育と規範意識」日本教育法学会年報三九号(二〇一〇年)一三五頁以下、また法学セミナー七四四号(二〇一七年)の特集「一八歳選挙権のインパクト」参照。

婚姻・家族とフランス憲法――解釈論への示唆

齊藤　笑美子
（元茨城大学）

はじめに

本稿は、フランス法における新しい家族概念について、ヨーロッパ人権裁判所の影響も含めて検討するという課題を遂行するものである。一九七〇年代から怒濤の変革を被っているフランス家族法の状況を取り上げる。特に前半では、近年最大の改革となった、同性婚を解禁する通称「すべての人のための婚姻（mariage pour tous）」法[(1)]を出発点とし、それが提起した憲法問題を取り上げ、後半では、同法の背景にあるフランス家族法の「脱婚姻中心化」とヨーロッパ人権法のダイナミズムから、憲法解釈論への示唆を探りたい。

一　マリアージュ・プール・トゥス――すべての人のための婚姻

まず、同性婚が提起した憲法問題とその憲法解釈論への示唆から始めよう。

（一）同性婚のインパクトとリアクション

二〇一三年にフランスでは、既存の婚姻を同性の二人の人が行えるよう、民法典を改正して婚姻の定義を変更した。(2) 人工生殖医療の利用は、もともと婚姻しているか否かに関係なく異性カップルに留保されており、(3) 同法によっても同性カップルには許されていない。しかし婚姻カップルのみに許されている連れ子養子縁組・共同養子縁組(4)は、この改革によって同性カップルに開放された。

同性カップルの婚姻が認められることによって生じる親子関係へのインパクトを敏感に察知したのは、保守層である。そのため、この点を集中攻撃する反対運動が社会現象にもなった。論争が、同性カップルの婚姻そのものではなく、同性カップルによる養子縁組に集中していたことは明らかである。このことは、「すべての人のための婚姻」が家族法の変革の「第二幕」に足を踏み入れるものであることを明るみに出している。(5)「第一幕」が何であったかと言えば、一九七〇年代の協議離婚の導入から二〇世紀末のパックスの創設までの一種のカップル革命であった。(6) 同法をめぐっては、カップル革命の結果、同性カップルがまさに「カップル」であることを誰も疑わなくなった反面、親子関係に大きな関心が集中した。第二幕とはまさにこの親子関係を中心とする家族法の変化をさす。そして第一幕、第二幕のいずれもが、後述する「脱婚姻中心化」という同じ一つの現象の表れなのである。(7)

（二）同性婚には憲法改正が必要か？

ここで日本国憲法の解釈論に示唆的な論点として、同性婚合法化に当たっての憲法改正の要否という論点について触れておきたい。フランス第五共和制憲法で婚姻に関する規定と言えば、夫婦財産制を法律事項と定める権限配分規定の三四条があるのみで、ここから憲法の定める婚姻制度を引き出すことはほぼ不可能である。

しかし、フランスの法学者が筆名において、同性婚の解禁には憲法改正が必要だという主張を行い、学界に論争が起きる。(8)こうした主張は概要以下のようなものである。《フランス民法典は第一共和制期の一八〇四年三月に採択されており、例外なく常に適用されてきた。さらに重要で一般的な性格を持っているから、共和国の諸法律によって承認された基本的諸原理（以下、「ＰＦＲＬＲ」）たる要件を満たす。》ＰＦＲＬＲとは、憲法院が一九四六年憲法制定以前の共和制の時代に制定された法律から引き出した原理で、憲法規範の一部を成す。(9)従って、第五共和制憲法には明確な言及はないが、異性婚がＰＦＲＬＲに該当するので、憲法改正をしなければ同性婚は認められないことになる。

この主張には辛辣な批判が寄せられる。ＰＦＲＬＲは新しい権利や自由の昇格のために確立されてきたのであり、婚姻の異性愛性のように差別的なものが入ることに疑問を呈するもの、(10)こうした主張がホモフォビア的動機を隠して法的客観性を装っていることを揶揄しつつ、(11)これまでの憲法院の傾向からして同性婚の禁止がＰＦＲＬＲに該当するとは考えられないとするものなどである。

この論争を裁断した憲法院は、法律が婚姻を男女の結合とみなしていたことは、基本権および基本的自由、国家主権、公権力の組織のいずれにも関係せず、この規則がＰＦＲＬＲを構成することはできないとした。(12)さらに、「父母両系の親子関係」をＰＦＲＬＲとする主張についても、一九四六年より前の立法によって父母両系統の親子関係の確立が制限されていたこともあることから否定した。(13)

この判決に特徴的な、婚姻と家族に関する立法者の裁量の尊重は、過去の憲法院自身の傾向を踏襲するものである。(14)この判決についての憲法院の解説は、より示唆的である。解説は、「同性愛者に婚姻する可能性を認めることは、異性愛者が婚姻する可能性を制限しないのだから、基本的権利や自由への侵害はなく、ある法的制度にアクセスできる人々を新たに拡大させる(15)」と述べた。

（三）日本国憲法二四条と同性婚の関係

このＰＦＲＬＲに関する問題は、日本国憲法二四条と同性婚の関係を想起させる。婚姻そのものに関して直接的言及のないフランス憲法と、「両性の合意」を明示する二四条では違いがあるが、提出された問いは同じである。フランスでも、婚姻の自由は判例によって憲法化されている。[16] したがって異性の二人の人が婚姻する自由を憲法が保障することは疑いがない。しかし、それによって同性婚の禁止が導けるか。憲法院は、同性婚は異性愛者の婚姻の自由を侵害しないだけでなく、逆に権利を拡大するものであり、同性婚の禁止は異性婚の保障からは導けないと考えた。

他方で、日仏の大きな違いは、立法裁量が現実において果たす役割であろう。運動の強さや政権党の性格に日仏では大きな違いがあり、立法裁量の果たす役割は日仏で逆になるであろう。従って日本では、性的指向に基づく差別という観点から、この問題をとらえ続けることが重要になる。[17]

二　家族の脱婚姻中心化

同性カップルへの婚姻開放は、実際には、特に一九七〇年代からの「脱婚姻中心化」を続ける家族法改革の一つの到達点でしかない。にもかかわらず、法案がこれだけ喧騒を引き起こしたのは、それがすでに既定路線となっている脱婚姻中心化の傾向を白日の下に晒す効果を持ったためである。

（一）脱婚姻中心化の進行

いわゆるナポレオン法典は、親子関係について、徹底した婚姻中心主義をとっていたことで知られている。例えば、婚外子である「自然子」（enfant naturel）が父を捜索することは禁止され、「不倫子」（enfant adultérin）の認知は禁止された。父性推定（présomption de paternité）は非常に強い力を持ち、これを覆すことは容易ではなかった[18]。

では、こうした徹底した婚姻中心主義が一夫一婦制を守り、ジェンダー平等に適合的であったかといえば、否であろう。男性は、婚姻している者であれ、独身の者であれ、婚外関係から生まれた子に対する責任を逃れ、自身の生活の平穏を守ることができた。自然子出生の道徳的不名誉・社会的負荷は、すべて未婚の女性にかけられ、自然子がたどる運命は過酷を極めた[19]。

父性推定を中心とする婚姻中心性は、特に二〇世紀に入って、相対化されていくことになる。社会学者のイレーヌ・テリーらは、このプロセスを「脱婚姻中心化（démariage）[20]」と呼ぶ。これは、婚姻する人の数が減っているとか、婚姻が社会的に価値あるものと見られなくなってきたという意味ではなく、親族システムにおける婚姻制度の位置と役割の再定義のことを指している。

一九一三年に自然父子関係の捜索が解禁され、一九七〇年代からは雪崩を打つように、婚姻の中心性が崩壊した。一九七〇年代から二〇〇〇年代までに、自然父子関係捜索の拡大、相続分差別の撤廃、嫡出親子関係の否認の拡大、協議離婚の導入、パックス創設と同棲の定義の法定、両親の離別後の共同親権の確保、再婚禁止期間の廃止、嫡出概念の廃止といった重要な改革が相次いだ。

これらの例では、婚姻が、カップルの地位としての絶対性を失うだけでなく、親子関係の確立・否定のルール、親子関係の効果において、中心的役割を演じなくなって来たことが分かる。婚姻の親子関係における重要な効果であった父性推定は、現在では認知と競合する親子関係の立証方法の一つに過ぎない。現行のフランス民法典三一三条は、出生証書に夫の名が示されていない場合に推定が退けられると定める。つまり、父性推定によって確立した父子関係の否認を論ずる以前に、夫の名を届け出なければそれだけで父性推定を退けることができる。

(二) 婚姻から親子関係へ

今日では、親子間の権利義務は、親が婚姻しているか否かと無関係であり、民法典もこの原則を謳っている。[21] 婚姻は親子関係への影響のないパックス、同棲と共に「カップル法」というべき分野を形成している。現在の家族法の核は、親子関係に移行し、婚姻は「家族的次元から切り離されたカップルの地位[22]」として位置づけられる。反対に、かつて家族とはみなされなかった「未婚の母」やその子との関係、あるいはその父との関係は、紛れもない家族とみなされうる。

同性カップルの婚姻と同性カップルの子育て(homoparentalité)の容認は、性的指向に基づく平等という考え方が定着したことによってのみではなく、このような婚姻自体の変質によって実現可能になったと見るべきだろう。

(三) 憲法解釈論への視点

子の権利の平等は、婚外子に対する差別撤廃の流れの中で、ますます否定しがたい要請となり、これを徹底するならば、日本国憲法下でも親の婚姻法上のステータスと親子関係の切り離しが要請されていくことは必至である。

そこで、婚姻夫婦と子からなる嫡出家族をモデルとして想定し、そこからの偏差で、憲法上保護されるべき人間関係やステータスを判断するという考え方をそろそろやめてよいのではないだろうか。日本国憲法二四条は、比較法的にみて婚姻を特別の保護対象とする書きぶりとはなっていないにもかかわらず、家族の中心を婚姻とする見方は相変わらず根強い。[23] しかし相続分の区別が存在しなくなった現在、嫡出/非嫡出の区別自体が「疑わしさ」を放っている。今後は、家族法の核心と特殊性が親子関係に移りつつあることを念頭に、現代的要請に合った親子関係の確立のルールや、親の権利義務、子の平等の徹底を目指す権利論こそが憲法学に求められることではないだろうか。

三　親子関係への人権の影響――「親」とは何か、誰か？

親子関係が家族的紐帯形成の核心であり、家族法がこれを中心として組織されていくとしても、親子関係自体が自明ではなくなりつつあるため、親子関係を何に基づかせて決定するかが人権の問題として問われつつある。かつては婚姻を通じて母の夫に子を結び付けるモデルが、親子関係の基礎として圧倒的な地位を占めていたが、フランスではその優位性は崩壊している。生物学的な関係をもって親を決定することにも限界があり、同性カップルによる子育てや一部の人工生殖技術に基づく親子関係のように、生物学的な基礎を持たず、意思にのみ基づくことが明らかな親子関係からの挑戦を受けている。

（一）フランスにおける代理懐胎・出産禁止の形骸化

フランスは代理懐胎・出産に対し、これを目的とする契約を法律で無効と定めた上[24]、仲介する行為に刑事罰を課し[25]、破毀院も依頼者と代理出産子の間の親子関係の確立を許さないなど厳しい態度で臨んでいたが、この禁止が形骸化しつつある。というのも、フランス人が依頼者となったケースに関する二〇一四年のヨーロッパ人権裁判所の判決によって、外国で出生した代理出産子について、少なくとも遺伝的真実に対応する父子関係がある場合にはその父子関係の国内での確立を阻止できなくなったからである[26]。

さらに、代理出生子と依頼者の間の養子縁組に固く扉を閉ざしていたかのように見えた破毀院も、二〇一七年七月五日の諸判決において態度を軟化させ、依頼者カップルの配偶子提供者でない者に養子縁組の可能性を許容した[27]。つまり、いかなる意味でも生殖者ではない人が、意思だけに基づいて子を生み出し、その親になる道が開かれたことになる。さらに現政権は、法改正によって、全女性への精子提供を解禁する意図を持ってもおり、妊娠可能性のある単身女性や女性のカップルにとっては、脱法的行為を冒さずとも親になれる展望が開けてきた。

（二）「親になる計画（projet parental）」に基づく親子関係、アンガージュマンに基礎づけられる親子概念の登場

かくして、子の「配偶子の提供者（géniteur）」ではないが、「親になる計画」によって生まれてくる子に対する義務を自らに課し、自然生殖によって、あるいは人工生殖技術の助けを得て、子に生を与えたという意味で子を「作り出した」（engendrer）者を「親」とするという新たな「親」概念の誕生に立ち会っているとも表現されるのである。(28)

ところで、そもそも既存の養子縁組は、アンガージュマンに基づいた親子関係であり、そして、実のところ生殖しない自由が保障されている社会では、生物的つながりに基づく親子関係にも意思の要素が多分に含まれている。親子関係自体がアンガージュマンに基づくものとして再定位可能なのである。

（三）親子関係（filiation）の分解～生殖者、法的親、社会的親

かつて婚姻と一体化していた親子関係が婚姻から分離しただけでなく、さらに親子関係の名の下に統合されていた親のいくつかの側面が、生殖者、法的親、養育に関わっている社会的親などに機能的に分解しつつある。親未満の立場である配偶子提供者の位置づけや社会的親の地位も課題となっている。(29)

ヨーロッパ人権裁判所は、上述の代理出産子をめぐる事件にもみられたように、親子関係を個人のアイデンティティに関わるものとみなし、生物学的真実に対応した親子関係の確立を重視する傾向がある。(30)
このような生物学的真実の重視とアンガージュマンに基づく親子関係の間で、子と子に関係する人々の

状況を考慮に入れて「親」とは何かが再考されなければならなくなっている。

（四）日本国憲法二四条二項と嫡出否認権者の限定

日本でも親子関係を人権の観点から問い直す傾向はある。近年、夫のみに嫡出否認を認めている民法七七四条などの合憲性が争われたのは典型的な例であろう。(31)婚姻制度の中核に嫡出推定があったのだとすれば、この問題は憲法から婚姻制度の根幹を問う可能性を宿している。

嫡出否認が非常に狭く限定されていることは、親子関係を安定させることができない、民事身分の登録がなされないなどの過酷な帰結を子にもたらしている。嫡出推定には子に父を与えるという面があるとしても、妻や子からの否認の訴えを認めないことが、子の権利・利益の観点から正当化できるのか、「父」だけに決定権を与えるただの家父長制ではないのか、そもそも、ここでいう子の権利・利益とは何か、生物的なつながりを反映した親子関係の確立を権利ととらえることができるか、など検討すべき課題があろう。

ところで強制的夫婦同氏合憲判決(32)において、最高裁は、憲法上直接保障された権利とはいえない人格的利益による立法裁量の限定という独自の意義を二四条二項に与えている。二四条二項がこのようないわば権利未満の利益を容れる余地を持っているならば、親子関係にまつわる多様な利益の考慮を、日本国憲法下では二四条二項で行っていく可能性が開けている。

婚姻制度の核心を嫡出推定と見てそれを憲法が保障しているとするならば、それを揺るがす親子関係のアイデンティティに関わる権利は二四条と対抗することになるが、嫡出推定制度自体は、親子関係を設定する方法の一つに過ぎず、制度は考慮に入れるべき個人の利益そのものではない。ただし、嫡出推定制度が子の利益の実現に貢献する側面はありうる。従って、この制度が子にもたらす利益と、遺伝的関係に合致する親子関係を持つ子の利益とを、問題となっている親子関係の社会的実体に照らして裁判所などが衡量することを可能にする立法が、憲法上は最低限求められるのではないか。そうした衡量を著しく制限する現在の嫡出否認制度は厳格に過ぎるがゆえに子の利益を損なう可能性があり、憲法一三条や一四条一項だけでなく、二四条二項からみて問題があるというべきであろう(33)。

四　カップルには何が残るのか？

最後に、親子関係とのつながりを弱めたカップル法制には何が残るのかを考える。親子関係について人権に由来する配慮が求められ、婚姻を基礎とした諸種の考慮の正当性が問い直される中、法律婚の尊重という名目によって婚姻だけが配偶者に与えている利益や地位をまるごと正当化し続けられるわけではない。婚姻やパートナー制度、あるいはカップルのみの特別視の正当性が問われる局面は増えている。

(一) フランス憲法院

憲法院は婚姻に関して雄弁であるとは言えないが、一九九三年の移民規制法に関する判決で、婚姻の自由を憲法化した(34)。同じ判決において、一九四六年憲法前文から、「通常の家族生活を送る権利」も確立している。婚姻解消の自由は、二〇一六年に憲法化されている(35)。

婚姻制度の目的については、「婚姻期間中の配偶者の人格的、物質的及び財産的義務の調整」、「家族の保護(36)」であると述べ、婚姻を「人格的及び財産的な義務を生ずる『市民生活上の重要な行為』(37)」と位置づけている。振替年金(38)、一時滞在許可の当然交付の婚姻配偶者のみへの留保(39)は合憲とされている。

(二) ヨーロッパ人権裁判所

より婚姻の性質について雄弁なのは、ヨーロッパ人権裁判所であろう。同裁判所は、婚姻の本質を公的に権利義務を負う法的な拘束と見ている。老齢の姉妹の同居関係を婚姻やシビルパートナーのように「アンガージュマン」が明確にある関係と区別し、婚姻との取り扱いの差異を正当化した。[40]「決定的な要素は、関係が続いた期間やその相互扶助的な性質ではなく、契約的な性質の権利義務の総体を伴う公のアンガージュマン（engagement public）の存在」とされている。[41]

（三）私見：婚姻の脱特権化[42]

婚姻を含むカップル制度は当事者の合意に基づいて、当事者間に人格的・財産的な義務を設定する。当事者間の権利義務を超えて、これにいかなる公法上の効果（税、社会保障、出入国管理など）を設定するかは、自動的に決まるわけではなく、ケア関係の承認・サポートという、カップル制度が持っている重要な側面からの精査が必要であると言える。

おわりに

以上、フランス法を参照して、新しい家族概念とそこから得られる示唆を提示してみた。婚姻と親子関係の分離という傾向は、人権の要請、特に子の平等や利益という価値を考慮に入れたときに避けられない。その潮流を念頭に置いた憲法解釈論がさらに必要になるだろう。

（1）La loi ouvrant le mariage aux couples de même sexe, loi n°2013-404 du 17 mai 2013. 同法については、齊藤笑美子「婚姻・家族とフランス憲法」辻村みよ子編集代表『社会変動と人権の現代的保障』（信山社、二〇一七年）一三二頁以下でも詳しく扱った。

（2）民法典新一四三条「婚姻は、性別の異なる、または性別を同じくする二者によって締結される。」

（3）公衆衛生法典Ｌ二一四一－二条は、「生殖補助医療は、カップルの不妊」を治療することを目的とし、「カップルを形成する男女」が存命であることなどの要件を定める。
（4）民法典三四六条は、二人の人が養親となる養子縁組を婚姻カップルに限定する。同三四三条は婚姻カップルによる養子縁組の要件を、同三四五－一条は連れ子養子縁組の要件を定める。
（5）Irène Théry et Anne-Marie Leroyer, *Filiation, origines, parentalité: Le droit face aux nouvelles valeurs*, Odile Jacob, 2014, p. 38
（6）*Ibid.* p. 37
（7）*Ibid.* p. 40
（8）Lucie Candide, « Le sexe, le mariage, la filiation et les principes supérieurs du droit français », *Gaz. Pal.* 2012 n°278, p. 7
（9）ＰＦＲＬＲについては、辻村みよ子＝糖塚康江『フランス憲法入門』（三省堂、二〇一二年）一六〇頁以下
（10）Xavier Dupré de Boulois, « Le mariage homosexuel, la constitution et l'agrégée des facultés de droit », *RDLF* 2012, Cheon. n°23（www.revuedlf.com）
（11）Dominique Rousseau, « Le mariage pour tous relève bien de de la compétence du législateur ordinaire », *Gaz. Pal.* 13 décembre n°348, p. 5
（12）N°2013-669 DC du 17 mai 2013, cons.21
（13）Cons. 56
（14）N°99-419 DC du 9 novembre 1999. フランス憲法研究会編『フランスの憲法判例Ⅱ』（信山社、二〇一三年）九一頁〔齊藤笑美子執筆〕; N°2010-92 QPC du 28 Janvier 2011. 同三八六頁〔佐藤雄一郎執筆〕
（15）憲法院公式ＨＰで公開されている当該判決の « Commentaire » ＰＤＦ版一六頁
（16）N°93-325 DC du 13 août 1993. フランス憲法研究会・前掲注（14）七〇頁〔光信一宏執筆〕
（17）この点については既に論じた。齊藤笑美子「憲法と家族」『憲法問題』二一号（二〇一〇年）一一二－一一三頁

（18）Jean Garrigue, *Droit de la famille 2ème éd*, Dalloz, 2018, 73.
（19）Théry et Leroyer, p. 47
（20）démariage とは、婚姻解消を指す古い言葉だが、テリーは、婚姻が個人の私事となり、象徴的役割を果たさなくなったことを指してその著書で用いている。Irène Théry, *Le démariage*, Odile Jacob, 1996, pp. 14-15
（21）三一〇条は、親子関係が法的に確立された子はすべて、その父及び母との関係において、同一の権利と義務を持つことを定める。
（22）Hugues Fulchiron, « Le « lien familial » », *Droit de la famille*, n°12, dossier 50, 12
（23）例えば、長谷部恭男編『注釈日本国憲法（二）』（有斐閣、二〇一七年）四九八頁〔川岸令和執筆〕
（24）民法典一六－七条
（25）刑法典二二七－一二条
（26）Mennesson c. France n°65192/11, 26/06/2014, Labassee c. France n°65941/11, 26/06/2014. 建石真公子「生殖補助医療の法制化をどのような観点から考えることが必要か」日本女性法律家協会会報五三号（二〇一五年）二〇頁以下、幡野弘樹「代理懐胎と親子関係」法律時報八七巻一一号（二〇一五年）二六頁以下
（27）Civ 1re, nos 15-28.597, 16-16.901 et 16-16.455
（28）Fulchiron, 19
（29）Amélie Dionisi-Peyrusse « Les fondements de la filiation » *Droit de la famille* n°6, juin 2016, étude13, 36 では、「親であること」の様々な要素を異なる複数の地位に分離することを示唆する。
（30）例えば Mandet c. France, n°30955/12, 14/01/2016
（31）神戸地判平成二九年一一月二九日。吉田仁美「判批」新判例解説 Watch（二〇一八年）憲法一三八、二宮周平「子の父は誰か―嫡出否認権を妻と子に」時の法令二〇四〇号（二〇一七年）四三頁
（32）最大判平成二七年一二月一六日民集六九巻八号二五八六頁
（33）二宮周平「夫のみ嫡出否認権と嫡出推定制度（二・完）」戸籍時報七四四号（二〇一六年）四頁は、夫への嫡出

否認限定を憲法一三条、一四条一項、二四条二項違反とする。
（34）前出注（16）
（35）N°2016-557 QPC du 29 juillet 2016
（36）N°2011-155 QPC du 29 juillet 2011
（37）N°2012-260 QPC du 29 juin 2012
（38）前出注（36）
（39）N°2013-312 QPC du 22 mai 2013
（40）Burden c Royaume-uni, n°13378/05, 29/04/2008
（41）Par. 65
（42）「婚姻の脱特権化」というパースペクティブについては、二宮周平「家族法改革の展望」辻村みよ子編『かけがえのない個から』（岩波書店、二〇一一年）二一七頁以下。齊藤笑美子「婚姻―カップルの特別扱いに合理性はあるか？」谷口洋幸ほか編『セクシュアリティと法』（法律文化社、二〇一七年）六七頁以下

政治プロセスにおける衆議院解散の位置
――民主政のデザインのために[1]――

植　松　健　一
（立命館大学）

はじめに

衆議院解散のあり方をめぐる議論が再活性化している[2]。背景には二〇一四年、二〇一七年の「大義なき解散」への批判があり、加えて、「首相の自由な解散権」のモデル・英国での議会任期固定化法成立の余波もあろう。その中でも興味深いのは、佐々木毅の発言である。佐々木は、「首相の解散権の行使の仕方が、政策への計画的な取り組みを阻害し、日本の政治にダメージを与えている」と批判し、「四年の任期を十分に使うためにも解散権に憲法上の制約をかける議論が必要」だと説く（毎日新聞二〇一七年一〇月三〇日インタビュー）。周知のように、小選挙区制・二大政党制を前提とする政治主導強化のための統治機構改編を提言してきたのが、佐々木が共同代表の二一世紀臨調だったはずである[3]。佐々木の解散権制限論は二一世紀臨調の従来の主張とは整合しないようにみえる。もっとも、三年毎の参議院選プラス不定期で頻繁な衆議院選というサイクルが安定した政策実行の妨げとなることを佐々木は以前から指摘していた。迅速で強力な政治主導と解散権制約とは両立するということなのだろうか。たしかに近年では、佐々木の他にも、「政治の安定」の観点から衆議院任期の固定的・安定的運用の重要性を説く議論もみられる。[4] だとすれば、解散が戦後日本の政治プロセスの中でいかなる役割を期待され、また、実際にいかなる役割を果たしてきたのかを改めて問うことの意義は小さくない。以下では、「解散権＝民意の確認」という理解を再考した上で、近時の解散制限論の有効射程を検証する。

一　解散の運用状況

解散制度のある議院内閣制・半大統領制一八ヵ国を対象とした小堀眞裕の比較研究によれば、[5] 日本は「自由な解散」が可能な数少ない国に属する（他はカナダ、デンマーク、ギリシャ）。たしかに、比較対象にすることの多い英、仏、独、伊の今世紀の運用をみると、その多くは任期満了による総選挙か事実上満了の時期の解散である。[6] 対して日本の場合、内閣の裁量解散を原則とする運用がなされてきた。ただし、小堀は「自由な解散」を「首相または大統領が、自覚に有利な解散時期を選ぶ」解散と定義するため、野党側も当該解散を歓迎する（少なくとも消極的に容認する）事例の位置づけがやや曖昧である。この点は、日本国憲法施行から二〇一八年現在までの二四回の解散の少なくない事例が、そうした与野党合意型の解散（話し合い解散）に属するものだけに、[7] 本来は重要であろう（加えて、多くの解散が任期三年経過後に行われている点も特徴的である。これは、任期一年を切ると与野党双方で解散を想定した選挙準備が本格化するが、その状態が長期化すると立候補予定者の資金的・精神的な負担が増え、党内の早期解散要求が高まるからである）。こうした運用がある以上、「四八年の幸福な先例」（小島和司）と称される「馴れ合い解散」的手法が慣行化する政治的条件は存在したとみることもできる。その一方、野党からの解散要求を内閣が拒み続ける場面もたびたび確認できる。例えば、石橋内閣退陣（一九五七年二月）後、後継の岸内閣が五八年四月まで解散総選挙を実施しなかった点について、同時代の鈴木安蔵による強い批判がある。(8) 九六年九月の橋本内閣による解散も、九三年六月の前回総選挙による非自民政権の誕生とその後の自民党の政権再復帰という大きな政治変動を経験する中、野党からの解散要求を与党が拒んだ上での、ようやくの解散であった。解散＝首相の専権というイメージは、政権の都合で解散が強行される状況だけでなく、政権の都合の悪い時に解散しないという状況とセットで形成されてきたものだといえる。

二　解散の生理と病理

（一）「議会政の生理」としての解散？

学説主流は解散に「民意の確認」という意義を認めるゆえに――それゆえ解散は「議会政の生理」現象に属する――内閣の裁量権を（その憲法上の根拠の対立はあるにせよ）承認し、その上で、民意の確認に資さない解散の排除を試みてきた。議会解散の機能としては、一般に、①国家機関相互の紛争解決機能、②レファレンダム機能、③内閣の安定化機能が挙げられているが、(9) 日本の学説は、古典的な二元的議院内閣制において通用する機能①に重きを置くことなく、また他方、機能③に対しては解散権行使者によるプレビシット的利用の危険性から警戒的だったと思われる。したがって、学説が評価したのは、主として機能②であり、かつ、英国の「マンデイト理論」の影響から、解散が許容される状況だけでなく、解散が義務とされるべき状件にも注意を払ってきた。これは前述のように、現実政治において野党や世論の解散要求が政権によりたびたび無視されてきたことの影響でもあろう。

しかし、権力の立憲主義的統制を重視するならば、解散権行使を通じた「民意」の援用には警戒的なはずである。近時の解散権批判が、この潮流に分類可能な論者たちによって積極的になされているのも、その意味で順接的なことである。[10] とはいえ従来は、解散＝民意の確認の契機という発想を自明視する向きが強かったことも否定できない。他方、権力の民主化を重視する学説が解散制度に好意的なのも、やはり順接的なことであるといえよう。例えば、解散を「日本国憲法における数少ない直接民主制の手段」と捉え、「民意による政治」の確保手段として内閣の解散権を積極的に位置づける杉原泰雄の所説には、その傾向がよく表れているし、「徹底した民意の反映」を追求する只野雅人においても、解散はやはり「民意の反映」に適う制度なのである。[11] 杉原や只野が解散に好意的なのは、沿革上、解散制度が半代表制のメルクマールだったからであり、[12] このような制度史・理論史への依拠は、論拠として強固ではある。とはいえ、半代表制成立期の解散制度が担った意義と機能が日本国憲法下でも同様に確認できるのかは、別に検討されるべきである。確かに、「議員と有権者の間の一貫した結合と恒常的な合意の確認」（只野）のためには、選挙は欠かせない条件である。しかしながら、選挙に先行する議会解散それ自体は、「合意の確認」に積極的な役割を果たしているかは、疑ってみる必要がある。執行部の長が自由に時期を選択できる解散制度は、選挙が発揮すべき「民意の確認」の機能を、[13] むしろ阻害していないだろうか。

（二）「議会政の病理」としての解散

解散を「議会政の生理」と捉える通説においても、解散権が本来の趣旨に反して行使され「議会政の病理」の要因となる危険は意識されてきた。とくに〇五年の郵政解散にみられるような内閣（実質的には首相）による解散権のプレビシット的な運用は、代表民主制とそれを動かす政党に機能不全をもたらしかねないとして批判が強い。高田篤は、H・ヘラーの議論における、一体性と恒常性を備えた「世論」(öffentliche Meinung) と、変動的で突飛で矛盾だらけの「時論」(Tagesmeinung) との区別に依拠し、政治指導の継続を「時論」で正統化した郵政解散を批判する。[14] 郵政解散に「シンボルとしてのレファレンダム」の性格を見出す糠塚康江も、勝敗ラインを官邸が設定し、選挙結果を「民意の直接流入」であると選挙勝利者に解釈させることを許してしまう点を否定的に捉えている。[15]

(三) 敵役としての自律解散（自主解散）説

歴史的沿革を重視する論者からは、議会の自律解散も（無解散制の場合と同様に）純粋代表制に由来する「反民主的要素」と否定的に捉えられている。[16] しかし、六九条限定＋自律解散可能説を主張した長谷川正安は、六九条限定説のみでは「衆議院の構成が国民の総意と明白にくいちがっていると思われる場合」に対応できないと感じ、他方で、少数与党の解散を認めるのは議院内閣制の運用として自然だという前提から、「衆議院に…実質的解散権を認める解釈」へと向かっている。[17] すなわち、この説においても解散の民意確認機能が前提とされているのである。

自律解散説に対しては、明文根拠の不在や議会少数派に対する濫用の危険性、国会の最高機関性に依拠することの難点などが指摘されてきた。しかしながら、首相の自由裁量を否定した上で、庶民院議員三分の二の特別多数による解散の途を設けた英国の動向にも触発され、自律解散への再評価もみられる。解散が憲法上著しく制約されているドイツでは、連邦首相の欲する連邦議会解散を導くために、首相信任案を与党議員の棄権により否決させる手法が過去三回用いられ、八二年と〇五年の事例に対しては連邦憲法裁の合憲判決が存在する (BVerfGE 62, 1; 114, 121)。この解散例について、首相のプレビシット的解散と捉える見方が強いが、他方では（または同時に）、解散を望む与野党の協力で解散を導いた点に「議会の自律解散」の性格を読み取る向きもある。英国やドイツの経験をみる限り、自律解散を政治プロセスに組み込むという選択肢をア・プリオリに排除する必要はないだろう。

三　「自由な解散」抑制への諸構想

(一)「憲法習律への期待」から「解散の合理化」へ

解散権の濫用を憲法習律の形成という筋道で制御を試みたのが、深瀬忠一であった。解散の限界として深瀬の挙げる五つの事例は、多くの概説書の踏襲するところである。しかしながら、習律形成のためには、違反者に政治的制裁が下る必要があるが、直近二回の解散の中に、その萌芽を認めることは難しい。あらためて指摘するまでもなく、「政府にとっての重要法案の否決」とか「重大な政策変更」といった曖昧な基準では、その違背を有権者が判断することは簡単ではない。しかも、有権者の判断要素において「非立憲的な解散を是とするか否か」という点が大きな比重を占める保証もない。こうしたことから、習律による統制という戦略は日本の政治文脈においては心もとない。むろん非立憲的な解散に対する粘り強い批判こそが将来の習律形成に資するのだという考えも、実践的には理解できる。しかし、より実効的な解散権の制約を考えるならば解散の制度的な制約が語られるべきであり、現在の解散制約論の活性化は、まさにそうした問題意識の反映だといえる。ただし、以下にみるように、解散制約論にも多様なアプローチが存在する。

①解散事由の法定化

この試みは、習律期待論に伴う困難と同じく、一義的な実体的基準が作りにくいため、解散権濫用の抑制にどれだけ実効性があるか不確かである。しかし、この方策を提唱する大山礼子は、明文化された制約があれば、それだけでメディアと国民の意識を変える契機となりうると解する(18)。獲得目標がそのようなものなのであれば、習律の形成を待ち続けるよりは、追及する意義はある途なのかもしれない。

②解散事由の明確化と衆議院での討議の保障

これは、解散表明から解散までに一定の時間的間隔を置かせた上で、内閣が表明する（現行よりも詳細・明確な）解散理由の妥当性を衆議院で討議する機会を確保する試みである。[19] 議会での討論は総選挙での有権者の判断材料に資する。解散の手続的合理化の試みといえ、①のような実体的な解散要件の法定よりも実効性は高いだろう。ただし、国会での討論がセレモニーの域にとどまらない保証はない。

㈡　衆議院のイニシアティブによる解散

右の二案が、内閣の裁量解散を認める現行の運用を前提に、解散権行使の合理化を追求するものだとすれば、これとは別に、解散権行使を衆議院のイニシアティブにかからせしめることで、首相の解散権を制御しようとするアプローチもある。自律解散説の再構成と整理できる。このアプローチは、国会の最高機関性や議院自律権の尊重といった憲法上の要請にも親和的であるが、それ以上に期待されるのは、衆議院の特別多数という手続要件によって、首相または与党の恣意的な解散を制御できるという機能上の妙味である。憲法改正を伴わない現実的方策としては、衆議院の特別多数の議決を尊重して内閣が七条に基づき解散するという筋道も考えられる。[20] あるいは、与野党合意による六九条の内閣信任案否決という方法もある。[21] 前述のように、日本でも多くの解散は「話し合い解散」だったと捉えるならば、政治プロセスの実態にも適合的な提案ということができよう。

㈢　司法的統制

解散権行使の司法的統制の道は、苫米地事件上告審判決（最大判一九六〇・六・八）により閉ざされてしまったが、この方向を断念せずに追求する論者もいる。[22] 彼らにとって、憲法裁判所が議会解散について司法判断を下し、「不文の実質的要件」という基準を打ち出したドイツの状況は、日独の憲法訴訟制度の相異を踏まえてもなお参照に値する事例である。法的統制の基準定立は可能であり、統治行為論を用いない判例理論の構築が課題だとされる。その意図するところは共感できるが、しかしドイツの憲法判例が示唆するのは、解散の違憲性につき機関訴訟に基づく提訴が容易なかの国の制度下ですら、実体面の審査は「明白性の審査」という密度の薄い基準で満足せざるを得ないということではないか[23]。失職議員を原告とする地位確認や歳費請求の主観訴訟を数年にわたり裁判所で争うことの実益の問題は別にしても、実体的要件を基準とした司法的統制はかなり険しい途にみえる。

（四）国民投票

解散を六九条の場合に限定しつつ、その代替として国民投票制度を導入するという方向も論じられている[24]。解散の制限により選挙を通じた民意確認の機会の減少を、国民投票制で補おうというわけである。実際、英国での国民投票の活性化も、議会解散制限と無関係ではない。

（五）任期の固定化―解散の「無能力化」へ[25]

解散制約をより徹底するならば、衆議院任期の固定化を立法もしくは慣行で実現するという発想もありえる。六九条に基づく解散を排除することはできないが、不信任案可決の現実的可能性の低さを考慮すれば、「慣れ合い解散」の方向を選ばない限り、それは例外にとどまるはずである。機能的にみた場合、任期の固定化は、与野党ともにそれを前提とした政策構想を国民に提示できるという点、四年の任期満了期に与党に不利な条件でも選挙による「民意の確認」[26]が可能であるという点で、利点だろう。この場合、加藤一彦が参議院選挙に見出した「定点観測的機能」は、衆議院選挙でも発揮可能となる。

この点では、ドイツにおける議員の「職務」の憲法規範論を手掛かりに、憲法の定める「議員の任期」の意義を強調し、合理的な根拠なしに任期を短縮する裁量解散を批判する高田篤の説も注目に値する。[27] 高田説に依拠すれば、日本国憲法が「全国民の代表」に保障した「四年」という任期は議員の自由委任の前提をなす重要な要素であると捉えることが可能になる。

筆者は、以前の論稿で、「六九条限定＋自律解散」（内閣信任決議案否決を通じた「協働解散」の慣行化）を「さしあたりの方向として支持」した。[28] ただ、その場合でも、「できる限り任期満了で総選挙に突入することが、本来的な民意確認機能を果たす条件」だとする留保を付しておいた。仮に任期の固定化を憲法規範論的に基礎づけようとするなら、議会自らの判断による任期の短縮も否定されざるを得ないだろう。この点、筆者は任期固定化の機能的意義（「定点観測的機能」）を積極的に評価するが、その一方で、「任期」を自由委任的に構成された「職務」概念と連動させる規範論的な基礎づけについては、それが日本国憲法の解釈論全体に及ぼす影響もかんがみ、なお慎重な吟味を要すると考える。それゆえ、「協働解散」型の自律解散の途を排除せずに、しかし他方では、憲法が四年という任期を設定したことを尊重し、自律解散の行使も謙抑的であるべきだと主張したい。[29]

（六）任期固定化＋衆参同日解散の「常例」化

任期固定化のバリエーションとして、衆参同日選挙の「常例」化という構想もある。[30] これは内閣の自由な解散を否定した上で、参議院に衆議院以上の「新しい民意」を反映させずに、「ねじれ国会」の出現を回避しようとするものである。同日選は政権与党の都合で行使されがちと解されてきたが、固定的な実施によって政権の武器としての性格は剝奪される。比例選挙の採用で解散のインセンティブを内閣から削ぐなど示唆に富む点が多いが、衆参の「ねじれ」現象への捉え方によって、この構想への評価も異なってきそうである。[31] 少なくとも、憲法制定者が衆議院と参議院で異なる任期を設けた点を軽視すべきではないだろう。

おわりに

以上の検討から、私見は――自律解散的運用の途を残しつつも――任期固定化（的運用）を通じた「解散権の無能力化」の方向に大きく接近することになった。もとより解散の限定を主張する場合、以下の二点の考察が欠かせない。一点目は、やはり参議院との関係である。衆議院解散を抑制的に用いる（さらに無能力化する）以上、問責を含む参議院による内閣への責任追及手段の機能を、衆議院とのバランスの中でどう捉えるかという論点は回避できない。二点目は、これも当然のことだが、「民意」に関する原理的な問いである。筆者の主張は、選挙を通じた「民意」確認機能の軽視を意味するものではない。むしろ、解散権という与党側のみが利用できる武器の「無能力化」によってこそ、選挙の「民意」確認機能――いかなる選挙制度を採用するかで確認されるべき「民意」も異なるだろうが――は、よりよくその趣旨を発揮できるというものである。そもそも、選挙という制度だけで「民意」を一義的・統一的に汲みつくすことは不可能であり、複数のチャンネルを通じて「民意」が重層的に表出されるというイメージをもって、「選挙至上主義的思考」からの脱却を図る必要もあるだろう[32]。ここでようやく、では複線的な民意表出の具体的方策は何か、そもそも「民意」とは何かといった問題に突き当たるが、紙幅が尽きた。今後の課題としたい。

（1）本稿は、憲法理論研究会春季研究総会（二〇一八年五月一三日）報告「民主政のデザイン―政治プロセスにおける『解散権』の位置」を、時間切れで割愛した三（六）部分を含めて、文書化したものである。報告に続く討論の延長戦として、総会終了後まで筆者との議論にお付き合い下さった近藤敦会員と長峯信彦会員には、とくに感謝申し上げたい。なお、本稿は科研費（基盤C［17K03372］）の研究成果の一部である。

（2）例えば、「長年にわたって疑われることのなかった解散権に関する慣行」の再考を求める、立憲デモクラシーの会「議会政治の劣化と解散問題に関する見解」（二〇一六年一二月一二日）や、「内閣が恣意的に総選挙のタイミングを選べるような運用は是正すべき」と説く、立憲民主党「憲法に関する当面の考え方」（一七年一二月七日）など。「臨時国会冒頭解散に対する憲法研究者有志の緊急声明」（一七年九月二七日）も参照。

（3）その足跡は、佐々木毅・二一世紀臨調『平成デモクラシー』（講談社、二〇一三年）参照。

（4）例えば、待鳥聡史「解散の大義ってなんだ」朝日新聞二〇一四年一一月一八日。自由な解散権を首相が持つ制度下では、それを行使できない場合には首相の権力はむしろ低下すると分析する、川上貞史『議院内閣制』（東京大学出版会、二〇一五年）七七‐八八頁、自由な解散が政局の流動化をもたらし、個別問題での妥協と調整のプロセスが軽視されると批判する、植村勝慶「イギリスにおける庶民院解散権の廃止」本秀紀編『グローバル化時代における民主主義の変容と憲法学』（日本評論社、二〇一六年）二七五頁も参照。

（5）小堀眞裕『ウェストミンスター・モデルの変容』（法律文化社、二〇一二年）第六章。

（6）総会報告用レジュメでは、高澤美有紀「主要国議会の解散制度」調査と情報九二三号（二〇一六年）一頁以下などを参考に、二〇〇〇年以降の英、仏、独、伊、加の解散の特徴を一覧化した表を載せた。

（7）総会報告用レジュメでは、藤本一美『「解散」の政治学（増補第二版）』（第三文明社、二〇一一年）を参考に、解散の性格による分類を試みた。それによれば、①与野党了解に基づく解散（一九四八年の「馴れ合い解散」を含む）＝一四件、②純粋な内閣不信任による解散＝三件、③選挙管理型の解散＝一件、④重要法案の敗北による解散＝一件、④事実上の任期満了といえる解散＝一件、④首相の裁量の側面が強い解散＝四件である。この点、大山礼子「審議回避の手段となった衆議院解散権」憲法研究二号（二〇一八年）一三六‐一四〇頁も参照。

（8）鈴木安蔵『現代議会批判』（至誠堂、一九五九年）一六八頁。

（9）さしあたり、長谷部恭男「内閣の解散権の問題点」ジュリスト八六八号（一九八六年）一〇頁以下。ただし同攷は、これらの機能の自明視を批判する。

(10) その意味で、「内閣の自由な解散権」を正面から承認する高橋和之の国民内閣制論は、憲法学においては例外的なアプローチだといえる。

(11) 杉原泰雄『憲法Ⅱ』(有斐閣、一九八九年)二九三頁、杉原泰雄・只野雅人『憲法と議会制度』(法律文化社、二〇〇七年)三九三-三九五頁(只野)。

(12) 杉原・只野・前掲注(11)五二-六〇頁(杉原執筆)参照。

(13) 適切な指摘として、鈴木法日児「衆議院解散権再論」法学五〇巻七号(一九八七年)一六五-一六六頁。

(14) 高田篤「現代における選挙と政党の規範理論的分析」岩波講座・憲法4『変容する統治システム』(岩波書店、二〇〇七年)三五-三七頁。加藤一彦『議会政治の憲法学』(日本評論社、二〇〇九年)第八章も参照。

(15) 糠塚康江『現代代表制と民主主義』(日本評論社、二〇一〇年)一二八頁。

(16) 深瀬忠一「衆議院の解散」宮沢俊義先生還暦記念『日本国憲法体系4』(有斐閣、一九六二年)一八二、二〇〇頁。

(17) 長谷川正安『憲法解釈の研究』(勁草書房、一九七四年)一二二-一五七頁。長谷川説の真髄は、七条説に潜む「旧天皇制擁護」的発想の暴露にあるが、立ち入らない。その点も含めて、植村勝慶「衆議院の自律的解散権論・再訪」長谷川正安先生追悼論集『戦後法学と憲法』(日本評論社、二〇一二年)一〇二二頁以下参照。

(18) 大山・前掲注(7)一四〇-一四二頁。

(19) 岩切大地「解散権の制限」法律時報九〇巻五号(二〇一八年)三六頁、木村草太『自衛隊と憲法』(晶文社、二〇一八年)一七九-一八〇頁。

(20) 植村・前掲注(17)一〇三二-一〇三四頁。

(21) すでに近藤敦『政権交代と議院内閣制』(法律文化社、一九九七年)第六章などが説いている。

(22) 加藤・前掲注(14)一七八頁。

(23) Heinrich Oberreuter, Vertreuensfrage, in: Andersen/Woyke (Hrsg.), Handwörterbuch des politischen

Systems der BRD, 7. Aufl., Wiesbaden 2013, S. 721.

(24) 衆議院憲法審査会二〇一七年三月二三日の木村草太参考人発言。すでに、澤登文治「解散権の限定と国民投票導入による国政の民主化（三・完）」南山法学一八巻四号（一九九五年）一二一頁以下。

(25) ここでの「無能力化」(incapacitate) は、横大道聡「憲法のアーキテクチャ」松尾陽編『アーキテクチャと法』（弘文堂、二〇一七年）二〇七–二〇九頁が紹介するD・レヴィンソンの議論を念頭に置いている。

(26) 加藤一彦「二院制と参議院の再評価」法学セミナー五九九号（二〇〇四年）三五頁。

(27) 高田篤「首相の解散権」法学教室四五一号（二〇一八年）五五–五七頁。

(28) 植松健一「プレビシット解散の法理と自主解散の論理」法政論集二三〇号（二〇〇九年）三九〇–三九三頁。

(29) 総会では、私見は例外なき任期固定化説の印象を与えてしまったが——その責は趣旨の不明確な報告にある——自律解散的運用を完全に否定したわけではない。

(30) 小堀・前掲注（5）二二三頁、同『国会改革論』（文藝春秋、二〇一三年）一五九–一六四頁。

(31) 憲法学においては、「ねじれ」を憲法の想定内の現象と捉える立場は少なくない。例えば、毛利透「参議院の存在意義」法律時報九〇巻五号（二〇一八年）一八頁以下。両院同日選挙はイタリアでは常態であるが、不信任決議を有するイタリア上院を日本の参議院と同一視することには慎重であるべきだろう。イタリアでは両院の類似化から二院制自体への懐疑論も強く、また、政党状況次第では同日選でも両院で同一政党が過半数を制する確証がない点について、岩崎美紀子『二院制議会の比較政治学』（岩波書店、二〇一三年）第三章の指摘を参照。

(32) すでに憲法学でも議論蓄積はある。本秀紀「民主主義の現在的危機と憲法学の課題」同編・前掲注（4）一二頁以下、杉原・只野・前掲注（11）第二部（只野）など。

司法権＝違憲審査制のデザイン

宍　戸　常　寿
（東京大学）

立憲主義の形成、あるいは定着と拡充を図るために何が必要なのかという観点から、司法権・違憲審査制について論ずることが本稿の課題である。

憲法学が司法権・違憲審査制を論じる場合には、読売新聞憲法改正試案（一九九四年）に代表される憲法裁判所導入論は戦後憲法学が追究してきた立憲主義、とりわけ平和主義と自衛隊の合憲性の関係で実践的に好ましくないとの判断を暗黙の前提にしてきた。そのためか、司法権・違憲審査制をデザインという観点から自覚的に論じた先行研究は多くないように思われる。そこで本稿は司法権・違憲審査制に関する筆者のこれまでの整理や主張を再説するだけでなく、デザインという観点から議論の幅を広げるための開かれた問題提起を試みることにしたい。

一　違憲審査制論の七〇年(1)

(一)日本国憲法のデザインと司法消極主義

日本国憲法は戦前のドイツ的法治主義に代えて英米的法の支配を採用し、憲法第六章は法の支配の要として司法権を強化したものである、というのが憲法施行直後に強調された理解であった。また警察予備隊訴訟判決(最大判昭和二七・一〇・八民集六巻九号七八三頁)は、違憲審査権は司法権の行使に付随して行使し得るものにすぎないとして、憲法八一条について憲法裁判所的な理解を排斥した。

これらは、司法権・違憲審査制に関する日本国憲法のデザインを形成するものといえよう。しかしその後の比較研究では大陸型の憲法裁判所制度と付随的審査制との「合一化傾向」が紹介され、その知見から翻って、日本国憲法の下での違憲審査制の運用が過度に消極的であり、憲法訴訟論の成果もつまみ食いされたにすぎないのではないか、という自己反省も憲法学には生まれるようになる。その際、ドイツ的な司法制度にアメリカ型の付随的審査制を接ぎ木したことに違憲審査制の不振を求める見解(奥平康弘、樋口陽一)は、潜在的にデザインの失敗を指摘していたものとみることができる。

一九九〇年代に伊藤正己が最高裁判事在任当時の経験から憲法裁判所の設置に言及したことは学界に衝撃を与え、具体的規範統制を念頭に置いた憲法裁判所論も提唱された(畑尻剛、戸波江二)。しかしそのような憲法裁判所制度が人権保障にとって有益な帰結をもたらすとは限らず、むしろ立憲主義を損なう危険があるという批判がなお一般的な受け止めであった。さらに、付随的審査制と抽象的審査制の違いを法の支配と法治国家として説明した「法の支配」論(佐藤幸治、土井真一)は、日本国憲法のデザインの観点から、憲法裁判所的な制度や運用の安易な導入を戒めたものと理解できる。

（二）司法制度改革と「違憲審査の活性化」

司法制度改革は法治国家から法の支配へという理念レベルの転換を強調した上で、広汎な司法制度の見直しを行ったものの、最高裁や違憲審査制のあり方にはほとんど手を付けないまま終わった。

二一世紀に入ってからの最高裁は、その欠落を埋めるかのように、郵便法事件（最大判平成一四・九・一一民集五六巻七号一四三九頁）、在外国民選挙権事件（最大判平成一七・九・一四民集五九巻七号二〇八七頁）、国籍法事件（最大判平成二〇・六・四民集六二巻六号一三六七頁）、婚外子法定相続分事件（最大決平成二五・九・四民集六七巻六号一三二〇頁）そして再婚禁止規定事件（最大判平成二七・一二・一六民集六九巻八号二四二七頁）と法令違憲判決を立て続けに出し、一票の較差についても踏み込んだ判断を示している。このような「違憲審査の活性化」は、最高裁内部で憲法論がこれまで以上に議論されるようになったという点でも、評価すべきであろう。

しかしこのような判例の傾向は、学説の審査基準論ではなく、総合比較衡量の手法の深化であり、堀越事件判決（最判平成二四・一二・七刑集六六巻一二号一三三七頁）における千葉勝美判事の補足意見のいう「基準を定立して自らこれに縛られることなく、柔軟に対処している」という、カズイスティクな対応にとどまる。(2) また、堀越事件や空知太神社事件（最大判平成二二・一・二〇民集六四巻一号一頁）に現れるように、判例の前提に立ち戻りつつ「事案類型」（蟻川恒正）の差異に着目して従来とは異なる具体的な規範を採用する等、判例法理の弾力化によることにも注意する必要がある。

（三）立憲主義の「危機」と違憲審査制

このような判例の傾向は、私権保護を任務とする司法裁判所が、憲法の分野でもその任務を達成するように成長してきたものであり、いわば日本国憲法のデザインにふさわしい憲法発展と評価することもできる。そうであれば、この発展を後方・側面支援するか、改めて審査基準論の採用を促すことこそが学説の使命であって、改めて「司法権・違憲審査制のデザイン」を論じる必要はないようにも思われる。

しかし、近時の改憲論における憲法裁判所論への言及は、これまで概観した違憲審査制の発展とは質的に異なる問題を提起していると見ることができる。集団的自衛権の一部行使を容認したとされる政府解釈の変更（二〇一四年）は、内閣法制局の憲法解釈が付随的審査制の外側でまがりなりも果たしてきた、そして憲法学も暗黙の前提としてきた、憲法保障的機能が傷ついたことを意味する。内閣が長期にわたり臨時国会の召集要求に応じなかった事例（二〇一七年）、あるいは内閣による衆議院解散の限界をめぐる議論を含め、現在の憲法状況は執政の逸脱をめぐる、統治機構分野における憲法規定の解釈適用を巡る「憲法争議」の様相を色濃く帯びるようになっている。

これらの安全保障関連法や臨時国会の召集の問題は、法律上の争訟の形を取って憲法訴訟の提起は見てはいる。しかしこのような訴訟は、運動論としての意義とは別に、憲法学の付随的審査制理解からは、「司法の政治化」を招くものとしてむしろ忌避されてきた性格のものである。この意味では、違憲審査制の存在感の希薄さが現在の憲法状況を裏側から特徴づけるものであるように思われる。

二　〈司法権＝違憲審査制〉再説

かかる憲法状況に対する立憲主義の側からの挑戦として「司法権・違憲審査制のデザイン」を論ずべきか、むしろそのような劇薬の処方はこれまでの付随的審査制の発展をも失うことにならないか、これこそが憲法学が引き受けるべき問いであり、筆者にこのテーマを論じる機会が与えられた理由であろう。

筆者は、ドイツ連邦憲法裁判所制度の源流の一つが憲法争議の裁決という国事裁判所的伝統にあること、それは大日本帝国憲法の「憲法の番人」としての枢密院制度のデザインにも関わること、日本国憲法六章についてはこの文脈を押さえて議論すべきもの、と考えてきた。[3] その観点から、〈司法権＝違憲審査制〉に関する筆者の理解を抗論的に定式化すれば、次の三点にまとめられる。[4]

（一）統治部門としての裁判所の性格の承認

日本国憲法の権力分立体系において、「司法権の権力性」（芦部信喜）、換言すれば裁判所もまた一つの統治部門でもあることが正面から承認されるべきである。そうであってはじめて、裁判所は他の権力に対して、紛争解決機能（人権規範に関する紛争については、人権保障機能）及び法的統制機能を果たすことができるからである。あらかじめ司法権概念を固定してそれに合わせて憲法六章を解釈するのではなく、裁判所がこのような地位・機能を有する国家機関であることに適合的に、憲法七六条・八一条も解釈されるべきであろう。司法権についていえば、実体法を前提に、国民の権利・利益に関する「事件」の解決をコアとして、それと連続性を有するグラディエーションをなして他の権力の法的統制を行う余地が開かれており、立法による制度設計や裁判所による運用が憲法上一定の範囲で認められる。

（二）立憲主義と違憲審査制

近代憲法は「自由の基礎法」であると同時に、国家機関を創設し権力を構成し、同時に制限する「政治の法」でもある。日本国憲法は自らを最高法規とすると同時に、裁判規範性を付与しており、憲法八一条はその実施を裁判所の任務とすることを定めている。日本国憲法における裁判所の違憲審査権はあらかじめ（違憲審査権と無関係に）定義された司法権に付随するものではなく、むしろ司法権こそが「違憲審査権を有する裁判所」の司法権である。言い換えれば、違憲審査権は「司法権の統合された本質部分」として理解されなければならない。

(二) 司法権のコアとしての「憲法事件」の観念

いま述べた二つの点を綜合すれば、司法権のコアとなる「事件」を構成する実体法には、民事法・刑事法・行政法に加えて憲法が含まれ、従って民事事件・刑事事件・行政事件と並んで憲法事件の裁判が観念される。憲法事件の裁判の第一は、憲法第三章の適用を巡る権利利益の紛争であり、憲法上の権利の制約に対する司法的救済であり、これは「基本権訴訟」（棟居快行）に相当する。

これに対して、憲法上の機関訴訟すなわち統治機構分野の憲法規定を巡る権利利益の紛争、典型的には国家機関相互の憲法上の権限規定をめぐる争いをどのように位置づけるべきか。この問いこそが、警察予備隊訴訟判決が残した宿題にほかならない。憲法改正を必要とする内容を法律の制定により実現しようとすることは、憲法改正権者の、具体的には議会少数派の権限を侵害するものであり、法律の合憲性を巡る抽象的規範統制の手続もまた、そのような少数派の憲法上の権限侵害の存否としての機関訴訟を実質とするものとして理解できるからである。

警察予備隊訴訟判決を前提とする以上、筆者も最高裁が憲法上の機関訴訟を裁判できるとまで主張することは控えたいが、憲法改正により手続規定を追加すれば可能であると考える。それは憲法八一条は既に最高裁にそのような権限を潜在的に授けており、手続規定が不備であるためにその力が眠っているにすぎない、という趣旨である。こう考えなければ、裁判所が別の理由で適法に係属した訴訟において、統治機構の憲法規定に関して解釈適用を行う権限があることを、説明することはできないであろう。

三　司法権＝違憲審査制の「デザイン」？

このような〈司法権＝違憲審査制〉のデザインを論じることはどのような法学的営為たり得るか。

（一）憲法上の制度の理念・制度・運用

かつて高橋和之が国民内閣制論を、議院内閣制という「制度」を直接民主政という「理念」に沿って「運用」すべきだという形で説いたように、理念・制度・運用は統治機構における汎用的な観点であるが、デザインはひとまず制度の設計に係るものと位置づけることができる。

この図式から見た場合、司法権・違憲審査制をめぐる憲法学説については、「理念」論・「運用」論の過剰と「制度」論の過少の傾向が見られる。法の支配、司法審査の正統性は盛んに議論され、また司法権概念、憲法訴訟論も豊富な業績の蓄積が見られる反面で、司法権・違憲審査制の制度の実効性を検証したり、新しい制度を提案したりすることは例外的である。

そのことは、裁判制度のデザインに対する憲法学説の貢献が限定的なものにとどまることを意味するだけでなく、主戦場である司法権概念、憲法訴訟論の運用のあり方をめぐる議論が、制度論に媒介されておらず、したがって偶有的（contingent）なものではなく、特定の理念や憲法理解の必然的帰結として説明され、固定化される傾向を生んでいるように思われる。

（二）「デザイン思考」

司法権＝違憲審査制のデザインを論じるには、このような正統的な語り口とは異なるアプローチを必要とする。そこで本稿ではあえて、イノベーションの文脈で最近参照されることの多い「デザイン思考」に触れてみたい(5)。要点をまとめれば、企業がどれだけ技術的に優れた商品開発をしてもそれが顧客に受け入れられるわけではなく、必要とされるのは、技術者や専門家、経営者だけでなくデザイナーが開発段階で関与して、利用者の経験を全体としてデザインする、人間中心のアプローチである。

重視されるのは、有用性・経済的実現性・技術的実現性の制約を歓迎し、体系的にではなく創造的な問題解決を志向することである。その際には「できない」とあらかじめ選択肢に枠を設けたり、特定の結論へ向けて議論を急いだり、収束させる前に、着想（inspiration）・発案（ideation）・実現（implementation）を往還して、あえて議論を発散させた上で、制約の中での収束を試みることにある。

かかるデザイン思考は、例えば9・11を受けたアメリカ政府の空港での出入国管理手続等、すでに社会システムに応用されている。社会システムは複雑な要素の構成体であり、その要素には社会文化が含まれること、サービスと同じく社会構成員が参加すること、そして効率的な経験を提供することが重視されており、このような思考は例えば社会起業家にも今後必須のものとなるといわれている。

もちろんデザインの段階であらかじめ全ての制約が考慮されて完璧なサービス、制度ができるわけではない。むしろデザインは遊びの余地を残したプロトタイプであり、事後的に不都合が発見される度に、不都合を積極的に発見し、改善・改良するマネジメントとセットである。個人情報保護の分野で、プライバシー・バイ・デザインが説かれ、ＰＤＣＡサイクルによるプライバシー・マネジメント・プログラムが重視されているように、かかる発想もすでに法律実務にとって無縁なものではない。

（三）「デザイン」から見た司法権・違憲審査制論

かかる「デザイン思考」と憲法学の関係はそれ自体相当の研究を要するが、さしあたり「比較憲法工学」の試みには少なくとも一定程度の類縁性を見いだすことができるように思われる。[6] 本稿が対象とする司法権・違憲審査制論も、裁判サービスが全体として利用者（国民）のために「適切に」――そこには実効的な紛争解決や人権の保障等の多様な観点が含まれ得るが――機能するための条件を探る点で、もともとデザイン思考的なものを内包しているともいえよう。進んでいえば、統治機構論全般についても、権力分立とともに、あるいは権力分立の前提として、かかる視点は不可欠であるように思われる。

他方で、憲法学の司法権・違憲審査制論は、現在の制度的与件を前提、定数にしてあるべき唯一の運用を論じるような、過度の収束志向であり、比較法的研究もまた日本国憲法の解釈論の平面に取り込まれる際には、かかる傾向の中に解消される傾向があるように思われる。これに対して、近時有力となっている司法政治学的アプローチは、通常の憲法解釈論にとっての制度的与件を変数化することで違憲審査制の基盤を再構築しようとするものと解釈できる。(7)

四　司法権＝違憲審査制の活性化の選択肢

以下では、司法権＝違憲審査制の活性化という目標へ向けて、デザインの「発散」をひとまず試みる。その際に留意すべきは、憲法的デザインだからといって直ちに議論の幅を憲法改正に狭めて思考停止すべきでない、ということである。同時に憲法の下でのデザインは、制度と運用の双方に関わりうる。例えば、司法制度の根幹に関わる立法は、憲法の運用であると同時に制度のデザインである。他方、司法権の独立や裁判の専門性という理由から立法を避けて裁判所の運用に委ねられる施策は、ひとまずは裁判所によるマネジメントであるが、同時にそれが判例という方法による場合にはデザインとしても機能し得る。このように考えれば、制度・運用を機能的に連続したものとして広く捉えることが適当であって、これは国会改革の手段として議院先例が着目されることがある（原田一明）と同型の問題である。

他方、ある憲法的デザインの実施が憲法改正によるべきなのか、それとも国会等の裁量的選択に委ねられるのかは、日本国憲法のテクスト上の限界に係る憲法解釈にも依存する。例えば、違憲判決の効力について、個別的効力説・一般的効力説に加えて立法委任説が説かれていることを想起すれば、この点は了解可能であろう。また、憲法の下での司法に係るデザインは、本来的に民事・刑事・行政訴訟制度の中で、あるいは所与の法制の延長線上で可能なものと、実質的意義の憲法の創設に相当し、憲法運用の実質的な変更に当たるものとを区別できる。後者の「憲法改革」（大石眞）は、憲法附属法に加えて、憲法判例による憲法の継続形成（Fortbildung）という途も考えられる。

したがって、ある選択肢をどの項目にアロケートするかは多分に流動的であり、かつ挙げた選択肢が悉皆的ではないことも含めて試論の域を出ないものの、司法権＝違憲審査制の活性化のためのデザインとして選択肢を拡張して配列したものが、次の表である。

	訴訟制度（立法及び裁判所の運用）＊	憲法改革（憲法附属法及び憲法判例）	憲法改正
主体	・最高裁の憲法専門性の向上（最高裁判事の構成・調査官制度の運用上の工夫） △最高裁の負担軽減（上訴制限等） ・下級裁判所に憲法専門部の設置	・最高裁に憲法裁判部設置 ・最高裁判事の任命手続（公開、憲法専門家の枠の法定等）	・（司法裁判所とは別系列の）憲法裁判所の設置
訴訟・裁判の類型	△客観訴訟の拡大 ・出訴権の拡大（基本権訴訟） ○国家賠償請求訴訟の要件の緩和 ○一票の較差訴訟における訴訟類型の創出	・国民訴訟（住民訴訟の国版） ・法令の違憲確認・義務づけ・差止め ・具体的規範統制	・勧告的意見 ・抽象的規範統制 ・憲法上の機関訴訟（自治体憲法異議申立含む）

審査対象	△司法権の範囲（法律上の争訟）の拡張 ・司法権の限界論（統治行為論、立法裁量論）の克服	・憲法判例による憲法規範（新しい人権等）の増加	・憲法条項の追加
審査手法	・審査基準（審査密度）の向上、裁量統制の強化 ・憲法上の立法と司法の役割論の深化	・比例原則等の人権法の制定	・人権制約事由の限定や規律密度を高める憲法改正 ・違憲審査制を強化する憲法改正
審理手続	△法務大臣の意見制度	・一般的なアミカス・キュリエ	
救済方法	△憲法判断の方法の活用（適用違憲、合憲限定解釈、部分違憲等） ○事実上の判例の遡及効の制限	・法令の違憲確認・義務づけ・差止め ・将来効	・違憲判決の一般的効力 ・代用立法者的権限
国際人権	・国際人権機関の解釈の尊重	・個人通報制度	・国際人権裁判所に対する提訴

※○は運用で実現済みの点、△は中途半端と評価される点。

詳論は別の機会を期するとして、司法権＝違憲審査制の活性化のためのデザインは、憲法裁判所か通常裁判所か憲法裁判部か（主体）、抽象的違憲審査か付随的違憲審査か（訴訟・裁判類型）等に限られるわけではない。審査対象を例にすれば、司法判断可能な実体的憲法規範が増加すれば憲法事件は増え、逆に司法権の限界を拡張すれば審査範囲は限られる道理である。また、審査密度に勝るとも劣らず、判決方法等の救済方法が違憲審査の活性化にとって不可欠であることは、違憲判断の事実上の拘束性の限定こそが婚外子法定相続分事件で違憲判断の前提であったことからも、明らかであろう。国籍法事件において論点となった法令無効による法の空白状態を埋める「代用立法者」（Ersatzgesetzgeber）の権限を、最高裁に正面から付与すれば、法令違憲判決はずっと生まれやすくなるはずである。最後に国際人権法への言及を挙げたが、「多層的人権保障システム」（江島晶子）による日本の裁判へのチェックは、裁判所の憲法規範拘束を担保する機能を持ち得るからである。(8)

五　司法権・違憲審査制論の課題

司法権＝違憲審査制の活性化のための選択肢を発散させたところで、既に述べたところと重複するが、司法権・違憲審査制論の今後の課題について若干の指摘をしておきたい。

（一）司法制度改革

憲法学説は司法制度改革を支える理念ないしイデオロギーとしての法の支配の捉え方について激しく議論してきた反面、現在のデザインにおいて人権救済や法的統制機能の実現にとって死活的に重要である行政訴訟制度とその運用に対して、十分な関心を払っているとはいえない。在外国民選挙権訴訟における公法上の当事者訴訟の活用に加えて、抗告訴訟として法定化された義務付け訴訟や差止訴訟が一連の国旗国歌訴訟で果たしている役割等にも、注目する必要があろう。

他方、裁判所による司法制度の運用に限界があるとして、それをどの機関が発見し、必要な制度改正を提案するのかは、難しい問題である。違憲審査制の活性化に関わる制度設計や運用の是非が行政府の能く扱いうるものでないことは、司法制度改革でも手つかずであったことからも示唆される。通常の立法に委ねることもかえって違憲審査権の限定を招きかねず危険であることを意識する必要があろう。

（二）司法権概念

法律上の争訟をめぐる議論は司法権・違憲審査制の運用のあり方を導くことに力点があり、客観訴訟の合憲性をめぐる議論には立法による抽象的規範統制の創設を避けるという関心が潜んでいた。それは、民事事件・刑事事件・行政事件の総和としての法律上の争訟を不動の前提として、実体法としての憲法を前提にした事件、「憲法事件」の欠損という対価を払うものでもあった。付言すれば、このような法律上の争訟中心主義は、行政控除説の下で行政作用として位置づけられる非訟事件の審判を見落としがちな点でも、重大な問題を孕むように思われる。名誉毀損的表現の事前差止め、近時のインターネット上の検索結果の削除（最決平成二九・一・三一民集七一巻一号六三頁等）は、仮の地位を定める仮処分の手続で争われてきたが、手続保障を含めて表現の自由と人格権の調整にふさわしい手続かどうかは、司法権論として十分な吟味を要する問題である。

（三）違憲審査制の運用

現在の最高裁にとって、事案に即した憲法判断のための最大の桎梏はかつての憲法判例であり、事案の区別（distinguish）や事情の変化等の技術の駆使というテクニックが彫琢されてきたのもそのためである。このような「旧き悪しき憲法判例」の見直しには大法廷回付が必要であるという一事を取ってみても、一般的な最高裁の負担軽減は合理的な選択肢であるように思われる。(9)

司法裁判所が民事・刑事・行政裁判と同じ意識で違憲審査権を行使することの意義と限界も看過してはならない。判例においては、抽象的な法律の規定の解釈の中に憲法的価値が導入されるという憲法適合的解釈の手法がしばしば用いられる。このことは、憲法を特別視することなく通常の事件の裁判の中で憲法的価値が実現される可能性と同時に、法律の解釈適用によって憲法の適用が排除され、当該法律の解釈適用が憲法と一体化して法状態が凝固化される危険もはらむ。付随的審査制の下だからこそ、自覚的に憲法と法令を分離的に解釈すべき場合と融合的に解釈すべき場合の弁別が求められよう。

（四）憲法上の立法と司法の役割論

近時、司法審査の正統性とは異なる司法の役割論が説かれるようになっているが、これについては二点だけ指摘するにとどめたい。

第一に、個別具体的な事件の解決、とりわけ適正手続を重視して少しずつ人権価値を実現するという「小さな司法」論は、七〇年の運用を巧みに説明するものといえよう。[10]筆者の考える「憲法事件」の裁判は、憲法政治の調停者としての役割を違憲審査制に求める側面があり、「小さな司法」論の外側の課題を提起していることになる。

第二に、「対話理論」は憲法上の立法と司法の相互作用を強調するが、[11]それが実質的に機能するかどうかは、憲法訴訟の手続とりわけ救済のあり方に依存する。同様の思考に立つ最大判平成二五・一一・二〇（民集六七巻八号一五〇三頁）は、最高裁が一票の較差について違憲状態という判断を示した段階で、国会はその趣旨を踏まえて較差是正の憲法上の責務を負うと説示しているが、これは実効的な権力統制機能に資する判決手法の彫琢が課題であることを同時に示唆しているように思われる。

六　結びに代えて

司法権＝違憲審査制のデザインについて発散的に考えてみることは、立憲主義、人権保障や権力の法的統制という理念を、違憲審査権の運用でより強化するための制度の検討につながる。またそのような思考実験は、実体的な憲法解釈の余地が、現在の司法権＝違憲審査制のデザインにいかに影響されているか、場合によっては拘束されているかを反省する機会になることを、本稿は示し得たように思う。

他方、このようなデザイン的思考は、例えば立憲主義を実現するために憲法裁判所が必要ではないかという素朴な憲法改正論議を誘発するリスクをはらむものでもある。安易な抽象的規範統制の導入が、個別具体的な正義を度外視して政治部門の決定を正当化する「違憲の憲法判例」を生み出すおそれがあることは明白である。「司法の政治化」への警告（芦部信喜）は、大日本帝国憲法下の反議会・政党的な枢密院の経験とともに忘れてはならないし、筆者もこのような懸念に無自覚であるつもりはない。

しかし、いまだ十分満足できるものでないとはいえ、一定の違憲審査の活性化が見られる現状で、「違憲審査制のデザイン」という問いにアクチュアリティが存するとすれば、それは既に述べたような執政の逸脱という憲法現実にある。あえて挑発的に言えば、違憲審査権を付随的審査制に限定し、統治行為論を例外的なものであれ存置する憲法学の態度は、自衛隊を合憲とする判決を阻んできたと同時に、集団的自衛権の問題を裁判で決着をつける可能性も、議会少数派による要求という臨時国会の開催という立憲主義の根幹的な制度についての裁判的実施手段をも、閉ざしてきた。何よりも憲法学説は、この事実に目を背けず、意義とリスクを自覚的に衡量し、選択する作業を始めるべきではないか。

改めてデザイン思考に戻れば、イノベーションの鍵は、参加型で上手くいったという体験を提供することにある。革命の経験を欠く日本において、立憲主義の定着・拡大を図るためには、国民が立憲主義に参加して上手くいったという経験、あるいはナラティヴが必要であろう。ＩＣＴの発展により最近の社会運動の形は多様化していることからすれば、そのような体験の機会を、国民的な関心の下での憲法裁判が提供する可能性も、あり得るのではないだろうか。

（1）以下の記述については、宍戸常寿「日本型違憲審査制の現在」全国憲法研究会編『日本国憲法の継承と発展』（三省堂、二〇一五年）参照。
（2）市川正人「憲法判例の展開―司法制度改革以降を中心に」公法研究七七号（二〇一五年）一頁以下、阪口正二郎「違憲審査制（論）の現在と行方」憲法問題二七号（二〇一六年）七六頁以下参照。
（3）宍戸常寿『憲法裁判権の動態』（弘文堂、二〇〇五年）。
（4）宍戸常寿「司法のプラグマティク」法学教室三二二号（二〇〇七年）二四頁以下。
（5）ティム・ブラウン（千葉敏生訳）『デザイン思考が世界を変える』（ハヤカワ文庫、二〇一四年）参照。
（6）松平徳仁「立憲民主政の心・技・体と防災設計―比較憲法工学の可能性」論究ジュリスト九号（二〇一四年）七七頁以下。
（7）見平典『違憲審査制をめぐるポリティクス』（成文堂、二〇一二年）。
（8）この点は宍戸常寿「裁量論と人権論」公法研究七一号（二〇〇九年）一〇〇頁以下。
（9）笹田栄司『司法の変容と憲法』（有斐閣、二〇〇八年）六頁以下。
（10）棟居快行「統治権としての司法権―最高裁は「越境」しうるか？―」専修大学法学研究所紀要四二号（二〇一七年）一〇一頁以下。
（11）佐々木雅寿『対話的違憲審査の理論』（三省堂、二〇一三年）。

憲法のデザイン

横大道　聡
（慶應義塾大学）

1　Constitutional Engineering

ブリタニカ国際大百科事典（オンライン版）の“constitutional engineering”の項目[1]によると、この言葉は“constitutional design”と同義とされている。著名なイタリアの政治学者ジョヴァンニ・サルトーリは、一九九四年の著書“Comparative Constitutional Engineering”[2]にて、“constitutional engineering”という語は自身の造語であると述べているが[3]、同書は次のように締めくくられている。

われわれが、憲法が誘因（incentive）によって監視され、誘因によって維持されたものであるということを忘れれば忘れるほど、憲法の制定がエンジニアリングに似た作業である、ということが強調されなければならない。一世紀前、憲法のデザインということは冗語的であったであろう。しかし今日、そういうことは、われわれが忘れつつある何かをわれわれに思い出させることになる[4]。

二　経済学

サルトーリが強調した「誘因」は、経済学における重要タームの一つである。

近時の経済学では、「制度が重要である（institutions matter）」という認識が広く共有されている。[5]「制度」概念は多様であるが、新制度派経済学の創設者のひとりであるダグラス・ノースは、制度を「社会におけるゲームのルール」と定義し、「制度は、政治的、社会的、あるいは経済的、いずれであれ、人々の交換におけるインセンティブ構造を与える」としている。[6] 新制度派経済学では、制度がどのように行為主体に誘因を与え、また、行為主体の行動がいかに制度に影響を与えるのかが、ゲーム理論などを用いて分析されている。

また経済学には、「憲法のデザイン」を直接的な研究対象とする、ジェームズ・ブキャナンをその創設者のひとりとする立憲的政治経済学もある。[7] そこでは、制度のもとでの選択（立憲後の選択）ではなく、制度それ自体の選択（立憲段階の選択）が論じられている。[8]

三　比較政治学

政治学に戻ると、サルトーリのように経済学的手法が用いられることが少なくない。例えば、「世界中で生じる国内の政治現象を研究し、そこから普遍的な理論を導き出すことをめざす学問」[9]などと定義される比較政治学における方法論の一つが、ゲーム理論などの経済学の手法を用いた数理モデルである。そこでは一般に、ある政治現象の原因（独立変数）と結果（従属変数）の因果構造が、方法論的個人主義に立脚しつつ、利益最大化を目指す行為主体による合理的選択という視点（合理性仮定）から演繹的にモデル化されるが、その際、他者の行動によって行為主体の最適な合理的行動が変化するという戦略的相互依存状況を想定したゲーム理論によって分析が行われることが基本となっている[10]。政治学と経済学とがオーバーラップした研究分野を政治経済学ということがあるが、近時の政治学では、その名を冠するにふさわしい研究が多くみられる。

また、比較政治学の領域では、「多数の事例[11]（「ラージN」）に関するデータを収集し、それを統計的に処理することを通じて因果推論を行う手法」である統計分析（計量分析）の手法もまた盛んに用いられている[12]。

四　比較憲法学

アメリカを中心とした英語圏では、比較憲法学が急成長している[13]。そこでは、上述した経済学・政治学の分析手法などを用いた学際的な研究が、幅広い層の学者によって行われており、まさに百花繚乱の様相を呈している[14]。そのなかで「憲法のデザイン」論は重要なテーマの一つとなっている[15]。

カナダの比較憲法学者ラン・ハーシェルは、比較憲法学の学問領域をより有益なものとするためには、社会科学、とりわけ政治学から研究手法を学ぶべきであることを強調する[16]。ハーシェルは、何を明らかにしようとする研究なのかを自覚し、それに適したリサーチ・デザインを選択して遂行される「憲法」に関する諸研究を、広く「比較憲法研究」として編成しようと試みているが、もっぱら憲法学者によってのみ担われる、特定国の研究に極端に偏重した日本の「比較憲法」との違いは際立っている。

五　憲法学へ

憲法は国家統治のルールであり、ひとつの「制度」である。以上に見てきたように、経済学、比較政治学、比較憲法学などの領域では、数理モデルや統計分析などの手法を駆使して、憲法を中心とした制度分析が多角的に行われている。そこでは、必ずしも憲法典を所与とせず、その設計自体も検討対象とされるため、憲法典を所与としてその解釈を規範的に行う法学としての憲法学とは、一見相性が悪いようにも見える。

しかし日本の憲法学でも、従来から実質的意味の憲法のデザイン――首相公選制、国民内閣制、道州制、選挙制度など――を論じてきた(17)。そうなると、「憲法のデザイン」を語ることへの反感があるとすれば、それは憲法典の変更（憲法改正）によるデザイン変更に対してであって、それを語ること自体ではないはずである。

また、他の学問領域での議論と憲法学とでは問いの立て方ないし問題へのアプローチ方法が異なっており、必ずしも排他的関係にない。例えば、憲法学では「どのような選挙制度が望ましいか」が「全国民の代表」や「一人一票の原則」等の観点から論じられるが、立憲的政治経済学では「ある選挙制度が成立するメカニズムは何か」、政治学や比較憲法学では「選挙制度と民主主義のパフォーマンスとの間に因果関係が存するのか」という実証分析、「ある選挙制度はどのような帰結をもたらしうるのか」という因果推論などがなされるだろう。日本でも著名な政治学者モーリス・デヴェルジェが提唱した「デヴェルジェの法則」――小選挙区制は二大政党制を、比例代表制は多党制をもたらすという法則――が、あるべき選挙制度について憲法学者が議論する際に重要な貢献をなしているように、多様な学問領域の研究成果は、憲法学における規範的な議論を豊穣化させる可能性を有している。他領域の学問成果[18]を等閑視せずに正面から受け止め、それを踏まえて憲法学が自明視してきた事柄の可視化や再検証をしたり[19]、新たな理論構築を試みる際の手がかりにしたりしていくことが、憲法学に対する支持を確かなものにするためにも必要であろう。

「憲法のデザイン」を語ることに躊躇するかもしれない昨今の政治状況にあって、憲法理論研究会にてこのテーマ設定がなされたことの意義は、この点にこそ求められるべきである。

（1）https://www.britannica.com/topic/constitutional-engineering. 二〇一五年に新収録された同項目の執筆者は、比較憲法学者ザッカリー・エルキンズである。

（2）一九九六年の第2版の邦訳として、ジョヴァンニ・サルトーリ（岡沢憲芙監訳＝工藤裕子訳）『比較政治学――構造・動機・結果』（早稲田大学出版部、二〇〇〇年）（邦訳一部改変あり）。

（3）同上ⅰ頁。

（4）同上二二一頁。

（5）青木昌彦（瀧澤弘和＝谷口和弘訳）『比較制度分析に向けて〔新装版〕』（NTT出版、二〇〇三年）一、四頁。

（6）ダグラス・C・ノース（竹下公視訳）『制度・制度変化・経済成果』（晃洋書房、一九九四年）一頁。ここでいう制度には、憲法典のようなフォーマルな制度のみならず、コモンローのようなインフォーマルな制度も含まれる。

（7）とりわけ、一九九〇年に発刊された雑誌 constitutional Political Economy の巻頭を飾ったエッセイの邦訳である、ジェイムズ・M・ブキャナン（加藤寛監訳）『コンスティテューショナル・エコノミックス――極大化の論理から契約の論理へ』（有斐閣、一九九二年）第1章を参照。また、河野勝＝広瀬健太郎「立憲主義のゲーム理論的分析」藪下史郎監修＝川岸令和編『立憲主義の経済学』（東洋経済新報社、二〇〇八年）一一五頁以下も参照。

（8）若田部昌澄「経済学における三つの立憲主義的契機」藪下監修・前掲注（7）一三九頁以下参照。*see also*

Ludwig Van den Hauwe, *Constitutional Economics II* in The Elgar Companion to Law and Economics 223 (jürgen G. Backhans ed. 2nd ed. 2005)

（9）久保慶一＝末近浩太＝高橋百合子『比較政治学の考え方』（有斐閣、二〇一六年）二頁。

（10）加藤淳子＝境家史郎＝山本健太郎編『政治学の方法』（有斐閣、二〇一四年）四八頁以下を参照。

（11）久保ほか・前掲注（9）九頁。

（12）憲法学者にも馴染みある研究として、アレンド・レイプハルト（粕谷祐子＝菊池啓一訳）『民主主義対民主主義——多数決型とコンセンサス型の36カ国比較研究〔原著第2版〕』（勁草書房、二〇一四年）。

（13）Michel Rosenfeld & Andras Sajo, *Introduciton*, in The Oxford Handbook of Comparative Constitutional Law 1 (Michel Rosenfeld & András Sajó ed. 2012).

（14）Vicki C. Jackson, *Comparative Constitutional law: Methodologies*, in Rosenfeld & Sajó, ed., *supra* note 13 at 54.

（15）横大道聡「憲法のアーキテクチャ——憲法を制度設計する」松尾陽編『アーキテクチャと法——法学のアーキテクチュアルな転回?』（弘文堂、二〇一七年）一九九頁以下も参照。

（16）Ran Hirschl, Comparative Matters: The Renaissance of Comparative Constitutional Law, ch. 4-6 (2014). 同書について、横大道聡「〔著書紹介〕比較憲法の課題」アメリカ法〔二〇一六-一〕七一頁以下を参照。

（17）中山洋平「比較憲法と比較政治（史）のはざま——なぜ憲法工学は日伊三カ国においてだけ繁茂するのか?」辻村みよ子編集代表『政治変動と立憲主義の展開』（信山社、二〇一七年）一一七頁以下、待鳥聡史「政治学からみた『憲法改正』」待鳥聡史＝駒村圭吾編『「憲法改正」の比較政治学』（弘文堂、二〇一七年）一頁以下参照。

（18）近時の重要な研究として、例えば、境家史郎『憲法と世論——戦後日本人は憲法とどう向き合ってきたのか』（筑摩書房、二〇一七年）がある。

（19）筆者の手によるものとして、横大道聡「憲法学と『世論』」法律時報九〇巻九号（二〇一八年）一二八頁以下参照。また、吉田俊弘・横大道聡「探検する憲法——問いから始める道案内」法学教室四五一号以下連載中も参照。

第二部　立憲主義と司法

司法部の立ち位置と最高裁憲法判例の展開

千葉勝美
（元最高裁判所判事）

はじめに

最高裁が採用する、基本的人権を規制する法令等についての合憲性審査基準については、時代により今日まで変遷ないし深化が見られる。

昭和五〇年以降では、合憲性審査基準につき、利益較量、厳格な審査といった考え方が米国の判例法理に倣って採用されるようになってきており、また、憲法一四条の平等原則違反の有無の審査については、制度の合理性の有無が判断基準となり、その具体的な審査は、「合理的関連性のテスト」（立法目的の正当性と手段の合理的関連性）が用いられるようになってきている。

ところで、最高裁憲法判例に関し、合憲性審査基準における利益較量と厳格な基準との関係については、この問題を整理して解説をしたのは、平成四年七月一日成田新法事件大法廷判決（民集四六巻五号四三七頁）における私の判例解説においてであるが、これを最高裁第二小法廷判決で私の補足意見として示したのが、公務員の政治活動の国家公務員法等違反に対する刑罰の適否が争われた平成二四年一二月七日堀越事件判決（刑集六六巻一二号一三三七頁）と世田谷事件判決（同一七二二頁）においてであり、ここでの考え方は、今日の最高裁の共通認識となっている。

ここでは、まず、最高裁の憲法判例（主として多数意見）における合憲性審査基準についての考え方を説明した後、これを踏まえて、司法部の立ち位置と最高裁憲法判例のこれまでの展開について簡単な素描をしていきたい。

一 憲法判例に見る合憲性審査基準――利益較量と厳格な基準による審査との関係

（一）近年、具体的には昭和五〇年以降の最高裁憲法判例においては、基本的人権を規制・制限する法令の合憲性を審査するに当たっては、多くの場合、それを明示するかどうかは別にして、一定の利益を確保しようとする目的のために制限が必要とされる程度と制限される自由・権利の内容及び性質、これに加えられる具体的制限の態様及び程度等がどのような利益・不利益をもたらすのかを具体的に比較衡量するという「利益較量」の判断手法を採ってきており、その際の判断指標として、事案に応じて一定の厳格な基準（明白かつ現在の危険の原則、不明確ゆえに無効の原則、必要最小限度の原則、ＬＲＡの原則、目的・手段における必要かつ合理性の原則等）ないしはその精神を併せ考慮したものがみられる。これは、利益較量という手法を用いる場合、比較するものが同質のものであればともかく、そうではない異質なものや、数値等の客観的な指標等で表せないものを衡量することは、そのための共通の基準ないし判断の枠組みを用いない限り、主観的ないし恣意的になり、理屈抜きで結論を押し付けることにもなりかねない。そこで、利益較量が何を指針にしどのような視点で行うのかを示すことにより少しでも恣意的ではない一定の客観性を獲得できることになるはずであり、それは、憲法の精神を踏まえ、どのような要素を重視し、どのような事情が審査の基本的な判断を基礎づける要素となるのかを、事柄の性質に沿って呈示されていったものである。特に精神的自由に繋がる基本的人権の制限については、安易に行われないように、合憲性判断の指標・枠組みとしてこれらを機能させせなければならない。これが、正に、講学上「厳格な基準」といわれるものの本質ないし概念であると考える。

（二）このような厳格な基準とされるものは、事柄の性質等に応じて複数あり得るが、その活用については、裁判実務では、アプリオリに、表現の自由の規制措置の合憲性の審査基準としてこれらの全部ないし一部が適用される旨を一般的に宣言するようなことをしないのはもちろん、例えば、「ＬＲＡ」の原則などといった講学上の用語をそのまま用いることも少ない。また、これらの厳格な基準のどれを採用するかについては、規制される人権の性質、規制措置の内容及び態様等の具体的な事案に応じて、その処理に必要なものを適宜選択して適用するという態度を採っており、さらに、適用された厳格な基準の内容についても、事案に応じてその内容を変容させ、あるいはその精神を反映させる限度にとどめるなどしている。詳細は、前記の成田新法事件大法廷判決についての私の最高裁判例解説（民事篇・平成四年度二三二頁以下）を参照されたい。

二　合憲性審査基準の全体像を必ずしも明示しない理由

最高裁が憲法判断を行う場合、前述のように、その合憲性審査基準の全体像を一般的に示すことは必ずしも多くないが、それは、次のような理由によるものであろう。

（一）付随的審査制における対応

我が国おける違憲立法審査制は、いわゆる付随的審査制を採っており、具体的な事件を処理するのに必要な場合に、必要な限度で憲法判断をしている。そのため、当該事案の処理の範囲を超えて、法理の全体像を示したり殊更に厳格な基準の指標の詳細な説明を行うことは避けることが多い。

（二）判例法理の全体像を展開することの問題点

判例法理の全体像を示すことは、憲法問題についての最高裁の考え方、姿勢を明らかにすることであるから、事案の処理に必要がないとしても考え方の全体像、基本となる考え方を明らかにすべきであるという見解もあろう。しかしながら、裁判所が用いる憲法判断における厳格な基準は、まず、当然に事案により異なり、また、国民の価値観の動向や社会的政治的状況の変化等により、様々な展開を示すことが想定され、将来的に不変不動なものではない。裁判所が必要以上に判断の枠組みを固定してしまうと、自らの手を縛ることになりかねず、柔軟な対応がし難くなくなる。そのため、法理の全体像を示してしまうと、その都度、大法廷判決で判例変更する必要が生じて、司法部の判断の安定性を阻害することにもなりかねない。加えて、価値判断的なものであっても、従前と異なる基準を採用した理由を逐一説明しなければならなくなり、対立を増幅させることもあり得よう。

このことは、憲法判例に限ったことではなく、その他の判例についても、また、最高裁のみならず下級裁においても、必要以上に一般的な形で判例法理を展開し呈示することは、それが一人歩きし、又は新たな状況や想定外の事情が生じた場合には対応仕切れなくなり、その都度法理の修正、変更の必要が生ずることがあり、最終的には当該判例が取消・破棄され、判例変更が繰り返されることにもなるため、一般に慎重に対処しているところである。そのような理由から、裁判実務としては、その射程を広げすぎないように、一般法理ではなく、「事例判例」としたり、あるいは「場合判例」に止める処理がされることが多い(1)。

そもそも裁判ないし判例法理は、憲法学上の一般法理、憲法理論の体系的な紹介とは性質上異なる面があり、法理を定立すること自体が役割ないし目的ではなく、その点は、学者と実務家との間で、考え方が決定的に異なる点であって、この乖離は埋まらないものであろう。

㈢　裁判官の思考方法との関係

①そもそも、法的判断を行う場合、まず一般法理を定立し、それに事実を当てはめて最終的な法的結論を導き出すという三段論法的な思考方法に関しては、学者においては当然であろうが、裁判官においては、これとは異なり、法理がまずあるのではなく、事実認定とそれを基にした最も適正な事案の解決は何かを、まず直感的に、あるいはリーガルマインドにより考え、次にそれを説明し得る法理や理論、解釈を採ることができるかを検証することにより裁判を行っているのであり、両者には基本的に異なる点がある。

②ここでは、学者出身の伊藤正巳元最高裁判事が、キャリアの裁判官の思考方法と学者との違いを述べているところを紹介する。

伊藤判事については、私は、学生時代、大学での英米法の講義を受けた経験があるが、その際に披露された次のような話が強い印象とし残っている。裁判官の判断の過程について、知人の実務家（裁判官）の数人から話を聞いたところ、民事事件においては、事実関係が明らかになれば、どちらを勝たせるかの結論がまず直感的に形成される。その後、それをどのように理論的に説明していくのか、説明できるのかを検証しながら考えるという思考順序で判決が出来上がる。これとは逆に、まず法解釈や法理論を前提にして、それに事実を当てはめ、その結果、結論が決まるという三段論法のような手順をとるのではない、という話であったので、学者とは異なる判断手法であり驚いた、という印象を述べておら

れた。そして、伊藤判事は、退官後の回想でも、同様の感想を記述している。(2)

③以上のとおり、裁判においては、事案を前提にしたより良い解決策を見付け出すことが最優先課題であり、それを説明する過程で判例法理が必要な限度で呈示されるという構造であって、憲法判例もそのような基本姿勢によって形成されている。

三　法理の全体像を示さずに厳格な審査等を行った例

(一)ここでは、二つの判例を取り上げて説明を加えてみたい。

◎昭和五八年六月二二日「よど号乗っ取り事件」新聞記事抹消事件大法廷判決(民集三七巻五号七九三頁)

この判決は、一九六九年国際反戦デー闘争中に公務執行妨害罪の容疑で逮捕され未決拘留中の者が、閲読していた新聞の記事の一部が墨で塗りつぶされたことから、その処分が憲法二一条等に違反するとして争われた事件について言い渡されたものである。合憲性審査に際しては、私権と公共の福祉という図式での比較ではなく、具体的な制限の態様・程度等を前提にした利益較量が行われ、また、被拘禁者の閲覧等の自由の制限においても、監獄内の秩序維持等の目的を達成するために真に必要と認められる限度に止めている点や、その制限が許されるためには、秩序等が害される一般的、抽象的なおそれがあるというだけでは足りず、具体的事情のもとにおいて、秩序維持等のために放置できない程度の障害が生ずる相当の蓋然性が認められることが必要であり、かつ、その制限の程度は、必要かつ合理的な範囲に止まるべきものと解すべきであるとしている。これらは、厳格な基準であって、用語が紛らわしいが、憲法の平等原則違反の審査基準である「合理的関連性のテスト」でないのは勿論である。もっとも、その表現として、「必要最小限度の基準」や「明白かつ現在の危険の原則」そのものを直截に示してはいないが（そのため、厳格な基準による審査としては不徹底だという学者からの批判がされている。）、その基本精神を考慮した上、講学上の用語を使用した一般的基準の定立というよりも、**その精神を踏まえ**事案に即した説示を展開しており、厳格な基準の採用ないしはその精神の反映であることは間違いない。

◎成田新法事件大法廷判決

上記の成田新法事件大法廷判決は、成田闘争の際の団結小屋の使用禁止命令による集会の自由という精神的自由の規制の許否が問題になった事件である。ここでは，「よど号乗っ取り事件」新聞記事抹消事件判決を引用し、合憲性審査基準として、利益較量論を採用した上で、多数の暴力主義的破壊活動者の集会の自由（この集会は、凶器準備集合罪の予備罪にも当たるともいえるものである。）と、新空港等や航空機の航行の安全の確保、すなわち多数の乗客の生命・身体を守る利益との比較衡量がされたが、後者の安全の確保は高度かつ緊急の必要性があるので、天秤が最初から大きく傾いており、容易に結論が出るものであった。そこで、使用禁止命令は、公共の福祉による必要かつ合理的なものであり、憲法二一条一項に違反しないと判示したものであり、厳格な基準等の審査基準の全体像を示さない簡潔な説示に止めている。

（二）要するに利益較量の手法の説示方法も事案・事項によりけりであって，常に法理の全体像を示しているわけではない。

四　司法部の立ち位置と憲法判断における多数意見

（一）多数意見が没個性、先例踏襲で定型的に見える理由

①最高裁憲法判例において、少数意見が個性的で明快であり、時に自由奔放な説示も見られるのと比べ、多数意見については、没個性で、先例踏襲で定型的なものが多い（補足意見についても程度の差はあるが同様である）とする指摘ないし評価がある。

　ところで、最高裁の憲法判例においては、争点となっている憲法的価値の内容や当時の社会的政治的状況を踏まえ、各裁判官において、「司法部の立ち位置」をどう考えるか、すなわち、Ⅰ基本的人権の擁護を使命とする司法部の役割についての考え方、Ⅱ三権分立の下での対立法府・行政府との緊張関係を前提にした司法部の違憲立法審査権の在りようについての理解、及びⅢ様々な意見が錯綜し価値観の対立が大きい政治的社会的テーマについて、その憲法判断が将来の我が国社会をどのような姿に導くことになるのかを念頭に置きつつ、国民全体の認識を探り、司法部がいつの時点で、どのような形で乗り出すべきか、それが国民全体の期待ないし思惑等との関係で理解と信頼を勝ち得ることになるのかについての情勢の分析、といった点が大きな影響を有するものである。特に多数意見は、それが最高裁としての結論であるため、この司法部の立ち位置について多方面からの様々な検討が重ねられ、調整されることが多い。多数意見の中核となる裁判官においては、多数意見の形成過程で、このような諸要素について多方面から検討し議論がされるが、その性質上、そのまま公にするのに相応しくないものも多く、そのため個性的な意見となりにくいという傾向が生ずる。これが第一の理由である。

②第二の理由としては、結論のみならずその理由も、最高裁の最終判断となる憲法解釈であることか

ら、たまたま当該事件の構成員の多数が一致した意見というよりも、それが公正で普遍的な見解であるからこそ多数を占めたものであるということを示そうという考えも根底にあるのであろう。そのため、多数意見の全員が了解し難い「個性を際立たせる」のではなく、多くの裁判官が了解し賛成したオーソドックスな考え方を骨格にしてまとめようとする心情が働くという面もある。

③しかしながら、「司法部の立ち位置」を考えて行動する最高裁（多数意見）が、常に、没個性的、抑制的、定型的な判示に終始するということはない。欧米諸国の憲法判例の展開を歴史的に辿って見ると、多数意見が、時代の動き、政治状況等を見て、あるときは柔軟にあるいは抑制的な姿勢を採り、またあるときは、激動の渦の中で透徹した情勢分析と決断力を発揮し、毅然として立法権に切り込んで行って合憲性審査を行う等により、国民の信頼の獲得と課題の克服を行うなど、時代とともに歩んできた軌跡も見られるところである。(3)

我が国において、これと同様な軌跡があったのかどうかは、今後検討していくべき課題であろう。

（二）戦後七〇年の最高裁の憲法判例の展開から見る「司法部の立ち位置」の素描

戦後七〇年の最高裁憲法判例の軌跡の中で、時代を画した著名判決の中には、「司法部の立ち位置」の考え方が色濃く反映されていると思われるものが多く見られる。ここではごく一部の簡単な指摘にとどめたい。

まず、①横田喜三郎長官時代の昭和四一年一〇月二六日全逓東京中郵事件大法廷判決等の潮流とその挫折も、保革の政治的対立が激化し、公務員の争議行為が大規模な政治闘争として展開され、それがそのまま法廷に持ち込まれた当時の状況下での司法部の立ち位置についての裁判官の考え方の相違等が影響したと考えている。

また、②村上朝一長官時代の昭和五一年四月一四日衆議院定数訴訟大法廷判決判決の出現は、いわゆる五五年体制下で選挙において多数を獲得し続ける政権与党による政治の正統性が意識されていた状況下で、司法部の立ち位置を踏まえ、判例法理により定数訴訟を創設して、投票価値の較差の問題に向き合い、果断に立法裁量に切り込んでいった結果である。

さらに、③島田仁郎長官時代の平成二〇年六月四日国籍法事件大法廷判決における多数意見と反対意見の激突は、国籍法三条一項の国籍取得要件（その中のいわゆる「準正要件」）が違憲無効とされた結果、これにより残された要件（出生後認知）のみで日本国籍の取得を認めることができるかが争われたものである。そこでも、立法裁量との関係で司法部の立ち位置を巡る考え方の大きな相違が露わになったものである。(4)

(三)　一人別枠方式の合憲性評価の変遷と司法部の立ち位置

①衆議院議員選挙制度については、平成六年一月に法改正がされて小選挙区比例代表並立制が導入され、従前の中選挙区時代の議員定数は小選挙区の区割りの数という形となったが、この区割りの基準は、衆議院議員選挙区画定審議会設置法（以下「区画審設置法」という。）三条により定められることとなった。具体的には、同条一項は、選挙区割りの制定・改定の基準について、各選挙区の人口の均衡を図り、各選挙区の人口のうち、その最も多いものを最も少ないもので除して得た数が二以上とならないようにすることを基本とすることとし、人口比例を原則とする旨が定められた。これによると選挙区間の投票価値の較差は二倍未満となるはずだが、同条二項において、各都道府県にまず定数一を配分した上で残る定数（選挙区割り数）を人口比例で配分するといういわゆる「一人別枠方式」が付加されたため、新制度の発足から較差は二倍を超えるものとなっていた。

②この改正後に初めて行われた平成八年一〇月二〇日の衆議院議員総選挙を対象に提起された選挙無効訴訟（定数訴訟）においては、一人別枠方式を定める規定の合憲性が争点の一つとなったが、平成一一年一一月一〇日大法廷判決（民集五三巻八号一四四一頁。なお、最大較差は二・三〇九倍）においては、多数意見は、一人別枠方式の採用は国会の裁量の範囲内であり、憲法の趣旨に反しない旨を説示した。

さらに、その後、平成一九年六月一三日大法廷判決（民集六一巻四号一六一七頁。最大較差は、二・一七一倍。なお、この判決において、私は最高裁首席調査官として関与した。）の多数意見も、一人別方式についての憲法適合性について、同様の理由によりそれを肯定する説示をしている。

③ところが、平成二三年三月二三日大法廷判決（民集六五巻二号七五五頁。最大較差は、二・三〇四倍。なお、私は最高裁判事として主任裁判官を務めた。）の多数意見では、従前の大法廷判決は変更しないが、次のような理由で、一人別枠方式が憲法の投票価値の平等の要求に反する状態に至っているという従前と異なる判断を示した。

選挙で選出される国会議員は、全国民を代表して国政に関与することが要請されているのであり、地域性に係る問題のために、殊更に他の選挙人との間に投票価値の不平等を生じさせる合理性はなく、しかも、対象となった平成二一年総選挙時に較差が憲法の投票価値の平等の要求に反する状態を生じさせる主要な要因となっている。一人別枠方式は、小選挙区制という新制度の導入に当たり、人口の少ない県における定数が急激かつ大幅に削減され、国政の安定や連続性の確保を図る必要性があると考えられ、何よりもこの点への配慮なくして選挙制度の改革の実現自体が困難であったという状況の下で採られた方式であるから、その合理性に時間的限界があり、新しい選挙制度が定着した現状では、その合理性は失われるに至った。

④そもそも、一人別枠方式が憲法の投票価値の平等の要請に反する性質のものである点は、平成一一年一一月大法廷判決の反対意見が指摘するまでもなく、理論的には明らかなはずである。それにもかかわらず、この大法廷判決の多数意見がこれを立法裁量の範囲内であるとして、憲法に適合しない旨の判断を示さなかったことについては、司法部の立ち位置についての何らかの考え方ないし検討結果があったはずである。しかし、これらについて公にされているものは存在しない。

この点につき、私なりの推測をごく簡単に紹介したい。

中選挙区制時代の定数訴訟において、最高裁は、合憲性の数値的な基準は明示してはいないが[5]、判例の軌跡等を分析すると、最大較差が三倍程度が一応の目安とされていたという見方が多い。そして、立法府も、そのような最高裁の較差についての判断（昭和五一年四月一四日大法廷判決以降の最高裁大法廷判決）を踏まえ、是正の対応（司法部と立法府とのキャッチボール）を何とか続けてきていたといえよう。その後、小選挙区制の導入に際しては、有権者の投票と当選者とが一対一の関係になることもあり、自らの投票の持つ意味・価値が自覚され、人口比例原則を遵守することが必要であるという認識が高まり、平成六年一月の制度改正の際には、区画審設置法三条一項が人口比例原則を明確に打ち出し、立法府が自ら手を縛り、較差是正を実現する方向の検討がされたのである。ところが、このような内容の第八次選挙制度審議会の答申が出された後、従来よりも議員定数は減少となる地方の議員等から異論が出て、同法三条一項の人口比例原則の例外として二項による一人別枠方式が導入さることとなった。

ところで、三条一項の人口比例原則の導入は、立法府にとって大きな不都合があっても憲法及び司法部の考えに従い、それを取り入れたものであって、正に画期的かつ歴史的なものである。司法部としては、それを是とし、その流れを後戻りさせないような判断ないし考慮も必要とされるところであった。そこで、平成一一年大法廷判決は、三条一項により選挙区の区割り配分を人口比例原則により行うという原則が明記されたことを大きな前進とみて、それを定着させることを優先し、一人別枠方式の処理は今後の状況をみて対処するという、いわば次善の対応・判断をしたのではなかろうか。

その後の平成一九年大法廷判決でも、従前の判断を踏襲し、近い将来の状況の進展を待ったのであろう。

⑤平成二三年大法廷判決は、当時の我が国の社会的経済的政治的状況を踏まえ、一人別枠方式により拡大している投票価値の較差が生じさせている諸々の弊害等を見極めた上、この方式はいわば激変緩和措置として採られたのであり（私は、平成六年一月の小選挙区制への改正法案の国会審議の際の議事録を精査したが、この「減変緩和措置」という点は、法案提出者側の答弁の中に、その趣旨の説明を何とか見いだすことができた。）、その合理性には時間的限界があり、新制度後の最初の総選挙の実施から一〇年以上が経過し、二回の総選挙が実施されていたという事情を指摘した上、もはや合理性が失われたという状況判断をした。その上で、従前の大法廷判決の判例変更としてではなく、激変緩和措置の時間的限界が明らかになったこと（いわば事情変更があったこと）を理由に、一人別枠方式を憲法の投票価値の平等の趣旨に反するとしたものであって、一〇年以上かけて懸案事項を処理し終えたのである。

⑥このように、一人別枠方式の合憲性評価は変遷を辿ったが、そのいずれの判断も、司法部の立ち位置を踏まえたものであったと考えている。

まとめ

この例に限らず、憲法判例（多数意見）については、司法部の立ち位置との関係を踏まえ、更なる検討、評価が必要であり、これは、今後の最高裁憲法判例の予測にも繋がるところである。

（1）この点につき、私の著書「違憲審査～その焦点の定め方」〈有斐閣〉の六一頁以下「判例法理の射程の範囲」の項を参照。

（2）「裁判官と学者との間」（有斐閣。二三頁等）、「憲法学と憲法裁判」（公法研究五九巻・有斐閣・一九九七年）三六頁等。なお、学者出身の藤田宙靖判事の回想も同様である。

（3）この点を研究したものとして、私外二名による司法研究「欧米諸国の憲法裁判制度について」（最高裁判所・司法研究報告書第四三輯第一号）があり、その内容を要約したものとして、私の著書「違憲審査～その焦点の定め方」［有斐閣］一六三頁「欧米諸国の違憲審査のダイナミズム」の項がある。なお、二〇一五年六月二六日に言い渡された米国連邦最高裁の同性婚禁止違憲判決では、ケネディ判事が起草した美文の判決文が注目を集めたが、この点に関し、私は、「法の支配」（日本法律家協会）第一八六号の巻頭言において感想を述べている。

（4）以上については、「憲法学と最高裁判所裁判官」（日本評論社）中に私が寄稿した論稿において多少詳しい説明を行っている。

（5）較差の数値的限界を明示しない理由については、私の著書「違憲審査～その焦点の定め方」（有斐閣）二六頁以下参照。

違憲国賠訴訟の憲法訴訟としての可能性

井口秀作
（愛媛大学）

はじめに

「違憲国賠訴訟」という語を用いて精力的に議論を展開している棟居快行は、違憲国賠訴訟を立法行為型と事実行為型に類型化している。(1) 本稿では、棟居のいう立法行為型のみに限定して違憲国賠訴訟という語を用いることにする。すなわち、立法行為を原因行為とする国賠訴訟が本稿でいう違憲国賠訴訟ということになる。

「憲法訴訟としての可能性」とは、違憲国賠訴訟が「法律に対する裁判所の違憲判断を引き出すためのツールとして機能する可能性」、という程度の意味である。ここでいう「可能性」とは、最高裁判例を前提とした裁判実務上のことであって、理論的な成立可能性を意味しない。国賠訴訟を違憲判断を引き出すためのツールとして用いることの妥当性については様々な議論があるが、ここでは立ち入らない。

憲法の教科書的記述では、違憲国賠訴訟は立法不作為に対する救済方法の場面で言及されるのが通例である。(2) 違憲国賠訴訟が立法不作為に固有の救済方法であるかは、立法不作為の概念を含めて、理論的には重要な論点であるが、この点も触れないこととする（以下では、「立法行為」には特に断りがない限り「立法不作為」も含むものとして論じる）。

　このような「違憲国賠訴訟の憲法訴訟としての可能性」は、しばらく前であれば、在宅投票制度廃止訴訟最高裁判決（最一小判一九八五年一一月二一日。以下、「八五年判決」という）によって、皆無に等しいという評価が確立していた。しかし、その後、在外日本人選挙権制限事件最高裁判決（最大判二〇〇五年九月一四日。以下、「〇五年判決」という）と女性の再婚禁止期間に関する二〇一五年最高裁判決（最大判二〇一五年一二月一六日。以下、「一五年判決」という）において違憲判断がなされるなど、違憲国賠訴訟が「法令違憲を争う際の主軸となる可能性」(3)が語られる程の注目すべき判例の展開が見られる(4)。これらの判例の展開から何が読み取れるかということについて考えてみたい。

一　最高裁判決の判断枠組

　違憲国賠訴訟における最高裁判決の判断枠組のポイントは二つある。一つは、立法内容の違憲性と立法行為の国賠法上の違法性は区別されること、もう一つは、立法行為が国賠法上違法となるのは例外的な場合に限られるということである。前者を「区分論」、後者を「例外論」と呼んでおく。

　この判断枠組を確立した八五年判決は、「区分論」によって、国賠違法の審査対象である立法行為を立法内容と区別し、「例外論」において、立法行為が国賠違法となるのは「立法の内容が憲法の一義的な文言に違反しているにもかかわらず国会があえて当該立法を行うというごとき、容易に想定し難いような例外的な場合」に限られるとする、極めて限定的な例外要件を設けた。「容易に想定し難いような例外的な場合」とは、ほとんどあり得ない事態であるから、この判決は違憲国賠訴訟という争い方を否定したに等しいと受け止められた。

「例外論」における例外要件については、その後、判例展開があることは周知のところである[5]。しかし、「区分論」については、ほんのわずかな言い回しの違いはあるが、そのまま維持されている。また、八五年判決に調査官として関与し、〇五年判決においては「合憲・違憲について判断するまでもなく」「国家賠償請求を理由がないものとして棄却すべきである」という反対意見を述べた泉徳治元最高裁判事は、結論については見解を修正しているが、「立法内容の違憲性と立法行為の国家賠償法上の違法性を区別するということは今でも正しいと思っている[6]」と述べている。区分論は、最高裁判決の「理論構成の支柱[7]」である。

しかし、この「区分論」こそが、違憲国賠訴訟が憲法訴訟として機能をすることを阻害するものとして学説からは批判の対象となってきた[8]。したがって、冒頭で言及した注目すべき判例の展開は、「区分論」が維持されたたままなされたということになる。

改めて「区分論」の意味を考えてみたい。

二　「区分論」再考

「区分論」は「立法内容の違憲性」と「立法行為の国賠法上の違法性」を区別する。これによって、「一つは違法と違憲が分離され、一つは立法内容と立法行為が区別された[9]」ことになる。

もっとも、判例が、「区分論」から直接導いているのは、立法の内容の違憲性が立法行為の国賠法上の違法性に直結しないということである。一連の最高裁判決は、「区分論」を述べた直後に、「仮に」立法の内容が違憲であるとしても「そのゆえに・直ちに」立法行為が国賠違法となるわけではない旨を判示している。

「区分論」の基礎にあるのは、立法内容（法律の不存在という意味の立法不作為を含む）と立法行為（法律の制定改廃を行わないという意味の立法不作為を含む）の区別である。これは、「権限規範の様相」と「行為規範の様相」の区別といってもいい。この「規範」と「行為」の区分、あるいは対立図式に関して、これまで十分注意が払われてこなかった、あるいは、存在そのものが気づかれないままであったという指摘がある。(11)その要因の少なくとも一部は、違憲国賠訴訟が、「規範」に位置付けられる場合も、「行為」に位置付けられる場合もある「立法不作為」の救済方法との関連で論じられてきたことにある。(12)

立法内容と立法行為の区別は、違憲審査の対象と国賠違法の審査の対象との区別でもある。(13)審査対象が異なるのであるから、前者に関する評価（立法内容の違憲性）が後者の評価（立法行為の国賠法上の違法性）に直結されないのは必然なのである。

このことは、最高裁が違憲国賠訴訟において立法行為を違憲審査の対象とは捉えていないことを意味する。八五年判決の次の判示は、そのような趣旨であると理解すべきである。「法律の効力についての違憲審査がなされるからといつて、当該法律の立法過程における国会議員の行動、すなわち立法行為が当然に法的評価に親しむものとすることはできないのである」。最高裁判決には「立法行為に対する違憲審査」なるものは存在しないのである。その根拠として強調されているのが、「本質的に政治的なものであつて、その性質上法的規制の対象になじまない」という立法行為の性質である。

このような「区分論」によって、違憲国賠訴訟において違憲審査を回避することが可能となるのは確かである。しかし、区分論の直接的な帰結は、立法の内容の違憲性と立法行為の国賠違法の直結性の否定ということである。

三　〇五年判決と一五年判決

「区分論」の「立法の内容の違憲性と立法行為の国賠違法の直結性の否定」という効果を顕在化させたのが、〇五年判決と一五年判決である。

〇五年判決は、一九九八年改正前・後の公選法について憲法判断を行い、いずれも違憲と判断している。原告が国賠請求と共に確認の訴えも行っているため、「法律内容の合憲性の判断は確認の訴えと国賠請求のいずれに基づいて行われたのかはっきりしなかった」[14]という指摘がある。原告は、一九九八年改正前の公選法の違憲・違法の確認を求めているから、一九九八年改正前の公選法に対する違憲判断も、それに基づいて行われたという理解もできないわけではない。しかし、〇五年判決は、この確認の訴えについては、「過去の法律関係の確認を求めるものであり、この確認を求めることが現に存する法律上の紛争の直接かつ抜本的な解決のために適切かつ必要な場合であるとはいえないから、確認の利益が認められず、不適法である」としている。このことからすると、一九九八年改正前の公選法の対する違憲判断は、一九九六年に衆議院議員総選挙において投票することができなかったことに関する国賠請求に基づくべきものと考えられる。

〇五年判決の国賠請求については国賠違法の結論であるから、「違憲・違法」の判断ということになる。しかし、「立法内容＝違憲」から「そのゆえに・直ちに」「立法行為＝違法」という判断をしているわけではない。

選挙権制限の憲法判断においては、「国民の選挙権又はその行使を制限するためには、そのような制限をすることがやむを得ないと認められる事由がなければならない」という違憲審査基準を設定して、一九九八年改正前の公選法を違憲と判断している。しかし、「そのゆえに・直ちに」国賠違法であると判断しているわけではない。上記の違憲審査基準とは別に、「例外論」を展開して、立法行為が国賠違法となる例外要件を設定し、本件が例外的な場合にあたるとして国賠違法の結論を導いている。

したがって、〇五年判決は、「違憲・違法」の判断ではあるが、いわゆる「違憲即違法説」ではない。(15) 違憲判断と国賠違法の判断は直結していない。「一九八四年に選挙の執行について責任を負う内閣がその解決が可能であることを前提に在外選挙制度を創出する法律案を国会に提出しているにもかかわらず、同法律案が廃案となった後、国会が、一〇年以上の長きにわたって在外選挙制度を何ら創設しないまま放置し、在外国民が投票をすることを認めなかった」という事実が、違憲審査の場面では、「やむを得ない事由があったとは到底いうことができない」と評価され、同じ事実が、国賠違法の場面では、「国民に憲法上保障されている権利行使の機会を確保するために所要の立法措置を執ることが必要不可欠であり、それが明白であるにもかかわらず、国会が正当な理由なく長期にわたってこれを怠る場合」に該当するとされたものである。

また、立法不作為が問題となっているため、違憲審査の対象と国賠違法の審査対象は共通しているように見える。しかし、違憲審査の対象は公選法であり、国賠違法の審査対象は、在外選挙制度を創設する法律案が廃案となった後一〇年以上の長きにわたって何らの立法措置も執られなかったという「著しい不作為」である。

〇五年判決は、「国賠違法であるからその前提として違憲判断がなされた」というものではない。この判決の意義は、国賠違法の判断に不可欠ではないにもかかわらず、憲法判断、違憲判断を行ったという点にある。違憲国賠訴訟において、国賠違法の判断とは別個に憲法判断の「場」が存在しうることが明らかにされたことになる。[16]

このような「立法の内容の違憲性と立法行為の国賠違法の直結性の否定」という効果は、「違憲・合法」判決[17]である一五年判決において、より明確である。同判決は、違憲審査の対象としては民法七三三条一項の再婚禁止期間の規定を取り上げ、一〇〇日を超えて女性の再婚禁止期間を設ける部分を違憲と判断したが、立法行為の国賠違法の審査においては、民法七三三条一項を改廃する立法措置をとらなかったという立法不作為を対象とし、国賠違法とならないと判断した。立法不作為の国賠法上の違法性が否定されているのであるから、民法七三三条一項の違憲判断が国賠違法の判断に直結していないことは明らかである。

「違憲でありながら違法とされない」のは「正常な状態ではない」[18]とする指摘がある。しかし、最高裁にそのような認識が見られないのは、違憲審査の対象と国賠違法の審査対象が異なっているからである。この判決では、違憲審査の対象が民法七三三条一項の「立法の内容」であり、国賠違法の審査対象が「民法七三三条一項を改廃する立法措置をとらなかったという立法不作為」である。対象が異なっているから、「違憲・合法」という「ねじれ」にも違和感がないのである。違憲審査において違憲と判断したものを国賠違法ではないと判断したものではない。

この判決に関する調査官解説は、「本判決が、国家賠償請求について棄却すべきものとしつつ、あえて本件規定の憲法適合性をについて判断をしたことについては、国家賠償責任が否定される場合に前提問題として憲法判断を行うか回避するかについて、論理的には、憲法適合性に関する判断が違法性の有無の判断に先行すると考えられるところ、合憲又は違憲の判断を明示的に示す必要性が当該憲法問題の重要性・社会的影響力等を考慮した個々の事案ごとの裁判所の裁量に委ねられているという立場にたったものと解されよう」と述べている。[19]

このような裁量の結果とはいえ、国賠違法は否定されながら、「それとは独立に法律内容についての違憲判断を（傍論としてであれ）得ることが可能となった」[20]ということが重要なのである。このような判断が可能であったのは、「区分論」によって、国賠違法の判断から立法の内容に関する憲法判断が切り離されているからである。

四 立法行為とその主体

国賠訴訟も不法行為訴訟として「公権力の行使にあたる公務員の違法な行為」を問題にする。したがって、国賠違法の審査対象は、「行為」である必要がある。そこで、違憲国賠訴訟では、立法行為を国賠違法の審査対象とする構成がとられることになる。[21]

しかし、立法行為を国賠違法の審査対象とすることは、違憲と違法の区別に必然的に結びつくわけではない。このことは、在宅投票制廃止訴訟の下級審が、立法行為（第一審）あるいは立法不作為（控訴審）を、国賠違法の審査対象としながら、国賠違法の判断を憲法判断と一体のもとしていることからも明らかである。[22]「立法行為が違憲であれば国賠法上も違法である」と捉えることができるのであれば、違憲と違法は結びつく。[23]これに対して、立法行為を憲法判断の対象とすることを拒否したのが「区分論」であった。

ところで、立法行為に対する違憲審査という事柄はそれほど自明な事柄ではない。法律に対する違憲審査の対象は法律であって、それを制定した立法行為ではない。違憲審査には、法律を制定した主体の責任を追及するという契機が存在しない。例えば、尊属殺重罰規定違憲判決（最大判一九七三年四月四日）における違憲審査の対象は、（旧）刑法二〇〇条であって、それを制定した第二三回帝国議会の立法行為ではない。

憲法学の教科書では、立法不作為という概念は論じられるが、立法行為という言葉が取り上げられることはほとんどない。それは、立法行為とは、国法の一形式である法律の定立、すなわち、形式的意味の立法のことであると考えられているからであろう。つまり、法律を制定することが立法行為という理解である。(24) その上で、「立法内容が違憲であれば、それを制定した立法行為も違憲のはずである」(25) というるのであれば、立法内容に対する違憲審査と立法行為に対する違憲審査は同じことを意味することになる。

したがって、立法内容と立法行為を区別し、立法行為の違憲審査を否定する判例は、学説とは異なる立法行為の理解をしていることになる。その違いは、立法行為の主体の理解の相違に由来する。学説における立法行為の主体は当然であるが立法権を有する国会である。ここでは、「国会の立法行為」が問題となるはずである。

これに対して、最高裁が国賠違法の審査対象としているのは、「国会議員の立法行為」である。立法行為の主体として国会議員を想定しているのは、国賠法一条一項の「公務員」に包摂するためであろう。そして、本質的に政治的性格を帯びるものであるされた国会議員の立法行為は、「国会の立法行為」の所産である立法の内容とは区別されることになり、「国会議員」に与えられた免責特権の規定（憲法五一条）が、立法行為が性質上法的規制の対象になじまないことの根拠とされているのである。最高裁は、「国会」と「国会議員」を「意識的に区別して論じて(26)」いるのである。

もっとも、最高裁は、「例外論」において「国会議員の立法行為」が例外的に国賠違法となる要件を導くにあたって、「国会の立法行為」という観点を取り入れている[27]。このことは、「国会があえて当該立法を行う」（八五年判決）、「国会が正当な理由なく長期にわたってこれを怠る場合」（〇五年判決）、「国会が正当な理由なく長期にわたってその改廃等の立法措置を怠る場合」（一五年判決）という判示からも分かる（傍点、筆者）。このような例外要件の設定の仕方は、「憲法の一義的な文言に違反している」（八五年判決）や「国民に憲法上保障されている権利を違法に侵害するものであることが明白」（〇五年判決）といった「立法の内容」の評価が、「国会の立法行為」を媒介にして、「国会議員の立法行為」の違法性に結びつくことを意味する[28]。

最高裁の判断枠組には、「区分論」によって立法の内容と区別される立法行為を違憲国賠訴訟の審査対象としながら、その違法性審査において立法の内容の評価を行うという視点が、最初から組み込まれていた。

おわりに

最高裁は違憲国賠訴訟における審査対象を国会議員の立法行為としているが、それが国賠違法となるかどうかは、「立法の内容」に依拠して判断している。この判断はあくまでも国賠違法の判断ではあるが、これを「実体法上の憲法適合性審査」と区別される「訴訟法上の憲法適合性審査」として、特殊な違憲審査の一場面と捉えることは可能であろう[29]。

一五年判決の「法律の規定が憲法上保障され又は保護されている権利利益を合理的な理由なく制約するものとして憲法の規定に違反するものであることが明白であるにもかかわらず、国会が正当な理由なく長期にわたってその改廃等の立法措置を怠る場合」かどうかの審査がこれに該当する。

他方で、「区分論」によって、そのような場面とは独立して、憲法判断の「場」がありうることを示したのが、〇五年判決と一五年判決であった。そこでの憲法判断は、「法律の意味ではなく立法者のふるまいが審査対象となる(30)」ような特殊なものではない、「立法の内容」に対する普通の違憲審査という営みである。

また、一五年判決と同一日に出された、夫婦別姓訴訟最高裁判決が立法の内容に対する合憲判断のみで請求を棄却していることも(31)、「立法の内容」に対する普通の違憲審査の「場」が違憲国賠訴訟に存在することを示すものである。

しかしながら、これだけの事例だけで、違憲国賠訴訟が「法令違憲を争う際の主軸となる可能性」と評価できるかは定かではない。「区分論」を、憲法判断を回避するテクニックとして用いることは、やはり否定されていない(32)。

もっとも、「問題は、回避が可能かなのではなく、判断が可能かどうかであり、判断を可能とする途を開くことが先決なのである(33)」とすれば、「区分論」によって開かれた、憲法判断の「場」に期待を寄せるということも一つの選択肢ではあろう。

現状において、それくらいの期待を寄せることができる程度の可能性はあるかもしれないというのが本稿の結論ということになる。

(1)　棟居快行『人権論の新構成』(信山社、一九九二年)三一六頁以下。

(2)　例えば、佐藤幸治『日本国憲法論』(成文堂、二〇一一年)六三八頁、芦部信喜(高橋和之補訂)『憲法(第六

版)』(岩波書店、二〇一五年)三八六頁等。例外的に、「国家賠償訴訟を通じた憲法保障」の一場面として違憲国賠訴訟を取り上げるものとして、渋谷秀樹『憲法(第三版)』(有斐閣、二〇一七年)四九三頁がある。

(3)大林啓吾「憲法訴訟の転機と司法積極主義の兆し」法律時報八八巻七号(二〇一六年)六六頁。

(4)このような判例の展開は当然のことながら憲法学の議論を誘発した。本稿も以下の業績に負うところが大きい。青井未帆「選挙権の救済と国家賠償法―立法不作為の違憲を争う方法として」信州大学法学論集九号(二〇〇七年)一一七頁以下、同「立法行為の国家賠償請求訴訟対象性・再論―権限規範と行為規範の区別をふまえて―」信州大学法学論集一二号(二〇〇九年)一頁以下、同「空襲被災者の救済と立法不作為の違憲―国家賠償責任について―」成城法学八〇号(二〇一一年)三五頁以下、大石和彦「立法不作為に対する司法審査」白鴎法学一四巻一号一七一頁以下、同「『立法不作為に対する司法審査』・再論―それでも規範は二種なのか?―」立教法学八二号一三〇頁以下、同「『憲法判断の対象』としての《規範》と《行為》―「義務賦課規範」「権能付与規範」区別論の観点から―」筑波ロー・ジャーナル一一号(二〇一二年)二五頁以下、岩切大地「立法行為に対する国賠法を通じた司法審査――裁判所と立法者との関係――」立正法学四五巻一号(二〇一一年)三一頁以下、大林啓吾「憲法訴訟の転機と司法積極主義の兆し」法律時報八八巻七号(二〇一六年)六六頁以下、同「憲法訴訟における違憲・合法―国賠訴訟における立法内容の合憲性と立法行為の合法性の区分」樋口陽一・中島徹・長谷部恭男編『憲法の尊厳―奥平憲法学の継承と展開』(日本評論社、二〇一七年)四二五頁以下、畑尻剛「国家賠償請求訴訟における立法行為の憲法適合性審査―判例の類型化とその帰結―」中央ロー・ジャーナル四巻四号(二〇〇八年)、棟居「違憲国賠訴訟とその周辺」佐藤幸治・泉徳治編『行政訴訟の活性化と国民の権利重視の行政へ』(日本評論社、二〇一七年)一三九頁以下。

(5)判例の展開については、千葉勝美『違憲審査』(有斐閣、二〇一七年)一一一頁以下、稲葉馨「立法行為国家賠償判例の再検討」法学八〇巻六号(二〇一六年)一頁以下を参照。

(6)泉徳治・渡辺康行・山元一・新村とわ『一歩前へ出る司法』(有斐閣、二〇一七年)八四頁。

(7)稲葉「立法」ジュリスト九九三号(一九九二年)六四頁。

(8) 棟居・前掲『人権論の新構成』(信山社、一九九二年) 三二〇頁。
(9) 畑尻・前掲二三頁。
(10) 新正幸『憲法訴訟(第二版)』(信山社、二〇一年) 三一六頁。
(11) 大石・前掲「『憲法判断の対象』としての《規範》と《行為》」二六頁。
(12) 〇五年判決は、この区別を、「立法の内容又は立法不作為」と「立法行為又は立法不作為」と表現した。区別される両者に「立法不作為」という語が含まれている。この点については、大石・前掲「立法不作為に対する司法審査」一七二頁。
(13) 岩切・前掲論文四三頁―四四頁。
(14) 大林・前掲「憲法訴訟の転機と司法積極主義の兆し」六八頁。
(15) 違憲即違法性については、西埜章『国家賠償法コンメンタール(第二版)』(日本評論社、二〇一四年) 三〇一頁。
(16) これについては、当然、「内容的には抽象的な違憲審査であり、極めて異例のもの」という批判がある。新・前掲書三二八頁。
(17) 大林・前掲「憲法訴訟における違憲・合法」四二七頁。
(18) 青井・前掲「選挙権の救済と国家賠償訴訟」一二四頁。
(19) 加本牧子「判解」『最高裁判所判例解説民事篇平成二七年度(下)』六九六頁。但し、「本件のように憲法判断が明示的に示された場合においては、その判断部分は、国家賠償請求の当否の判断の論理的前提となっているものである以上、判例として理解されるべきものであることは当然である」とされている。同六九七頁。
(20) 棟居・前掲「違憲国賠訴訟とその周辺」一五〇頁。もっとも、この違憲判断は傍論かどうかは一つの問題であろう。大林・前掲「憲法訴訟の転機と司法積極主義の兆し」六九頁は「傍論とはいえないように思われる」とする。加本・前掲「判解」六九七頁も「判例として理解されるべきものであることは当然である」とする。
(21) 駒村圭吾「立法不作為の違憲審査」小山剛・駒村編『論点探求　憲法』(弘文堂、二〇一三年) 三六九頁。

(22) この点については、井口秀作「違憲国賠訴訟における判断構成」大東ロージャーナル一三号(二〇一七年)二五頁以下を参照。
(23) 行政法学で支配的な見解である公権力発動要件欠如説はそのような思考方法をとっている。宇賀克也『国家賠償法』(有斐閣、一九九七年)一〇五頁を参照。
(24) 清宮四郎は「立法行為とは、国家的権威を以て、国家における上位段階の法規範たる法律を定立する行為をいう」と述べている(清宮四郎『国家作用の理論』(有斐閣、一九六八年)四一頁[傍点著者]。
(25) 高橋和之『体系憲法訴訟』(岩波書店、二〇一七年)三八一頁。
(26) 稲葉・前掲「立法」六四頁。
(27) この点については、井口・前掲四〇頁を参照。
(28) 〇五年判決および一五年判決の「怠る」という「内容」と区別される「行為」の評価があるのは、立法不作為の場合であるからである。
(29) 畑尻・前掲六六頁。
(30) 岩切・前掲三九頁。
(31) 合憲という立法の内容の評価が「国会議員の立法行為」が国賠違法とならないことに直結していることになる。したがって、「区分論」は、立法の内容の「違憲」という評価が「国会議員の立法行為」の国賠違法という結論に直結することのみを否定していることになる。
(32) 〇五年判決の翌年に出された不安神経症患者選挙権訴訟最高裁判決(最一小判二〇〇六年七月一三日)を参照。
(33) 高橋・前掲三七九頁。

ドイツ連邦憲法裁判所における「主張可能性の統制（Vertretbarkeitskontrolle）」の展開

山本真敬
（下関市立大学）

序

本稿は、ドイツ連邦憲法裁判所（以下、連憲裁という）における「主張可能性の統制（Vertretbarkeitskontrolle）」の判例上の展開について検討する。この主張可能性の統制は、従来から研究が乏しく、また、いわゆる立法裁量の「判断過程統制」との類比可能性がしばしば指摘されており[1]、この手法がどのようなものかを把握することも意味があると思われる。なお、紙幅制約が厳しい関係で、本稿では引用等は最小限に留めざるを得ず、詳細は拙稿の参照を乞う[2]。

一　共同決定法判決における定式化

主張可能性の統制が定式化されたのは、著名な共同決定法判決（BVerfGE 50, 290）である。この事件では、労働者側と持分所有権者側が殆ど同権となる共同決定（ただし持分所有権側の意向を最終的には貫徹し得る）を導入した共同決定法の合憲性が争われたが、連憲裁は、この共同決定法の効果（影響）の予測の合憲性審査では主張可能性の統制を用い、共同決定法による各種基本権制約の合憲性審査では比例原則等の実体的基準に基づき審査を以下の如く行った。

（一）①まず、立法者の予測の合憲性に関して、法律の効果に不確実な点があるからといって立法権限がなくなるわけでも裁判所の審査が排除されるわけでもなく、立法者の予測は「問題となる事項領域の特性や、充分に確実な判断を形成する可能性、そして危険に晒されている法益の意義」に応じて、「明白性の統制から主張可能性の統制を経て、厳格な内容統制にまで達する」審査尺度（以下、三段階理論という）よって、その合憲性を判断する。共同決定法は、変化が急であり複雑で予見困難な経済秩序の領域を本質的に変化させる一方で、生命や個人の自由という法益を危険に晒すものではなく、立法者の予測が主張可能である以上、明白性の統制も用いない。

「主張可能性という尺度が要求するのは、立法者が、入手可能な素材につき、事柄に適しており、かつ、主張可能な評価に基づいていることである。立法者は、自らの手の届く認識源を利用し尽くさなければならない。それは自らの規律に関して予測される効果を可能な限り信用のおける形で判断できるようにし、憲法違反を避けるためである」。この主張可能性の統制においては、むしろ「手続の要請」が問題となるが、「これらが充足される場合には、立法者の当該予測は、内容上の主張可能性についての前提条件を満たす」。

②共同決定法の「立法者は入手可能な素材に基づいていた」。すなわち、石炭・鉱山共同決定法や事業所組織法における共同決定の経験や、専門家委員会である共同決定委員会の調査結果によれば、鉱山領域における同権的共同決定が企業の機能能力に影響を与えておらず、持分所有者の側の軽度の優位を定める共同決定法が企業の機能能力に影響を与えないと想定することは、主張可能である。また、共同

決定委員会が政治的・経済的・法的観点から共同決定を総合的に検討したこと、共同決定法がこの共同決定委員会の報告書と本質的に方向性を同じくしていること、そして政府草案が議会の立法手続で公聴会の対象となり、この公聴会の結果を受けて政府草案が修正されたことを鑑みると、立法者は経験と認識の当時の状況に基づいており、共同決定法の影響についての判断は主張可能である。ただし、後日この判断が誤っているとして立法者が訂正を義務付けられることもあり得る、と。

（二）もっとも、主張可能性の統制はあくまで法効果の予測の統制手法であり、「合憲性の審査の基準は、憲法上の枠条件および立法者の形成の自由の限界を表す個別の基本権である」と連憲裁は述べる。実際に、侵害が争われた所有権、結社の自由、職業の自由、団結の自由について、それぞれ比例原則、自己決定の可能性および結社の機能能力の確保、比例原則、団結の自由の核心領域の保護という実体的基準に基づいてその合憲性が審査されている。このうち、所有権および団結の自由の審査では、先に「主張可能」とされた立法者の予測が持ち出されている。すなわち前者では、持分権制約につき適合性審査でも必要性審査でもなく相当性審査で立法者の予測が言及され、後者では、労働協約制度の機能不全に至ることにより団結の自由の核心的領域が侵害されない根拠として立法者の予測が持ち出された。

二　その後の判例上の展開

共同決定法判決以降も、主張可能性の統制は用いられている（以下の判例は、本稿筆者が把握した限りのものであり、検討漏れの判例も存在し得る）。しかし、その審査のありようは様々である。色々な分類が可能であろうが、本稿では試みに次のように分類する。

（一）まず、立法者の予測の統制で主張可能性の統制が用いられたものが最も多い。ただし、共同決定法判決以降、経済領域でない領域でも広く主張可能性の統制が用いられている。

①主張可能性の統制が比例原則の内部において用いられることがしばしばある。

情報自己決定権等の侵害が争われた国勢調査法判決（BVerfGE 65, 1）では、比例原則の必要性審査において、悉皆調査（全数調査）と比してヨリ緩やかな手段である抽出調査では国勢調査の正確性を担保できないとする立法者の予測につき、立法者が「自らに手の届く認識源を汲み尽くす」ことが求められたが、EUデータ保護委員等の見解を連憲裁が参考にして未だ全数調査が比例的でないとはいえないとされた。もっとも、統計・調査方法の進展を立法者が監視する義務を連憲裁は課した（結論は一部違憲。なお、本判決では「主張可能」の語は用いられていない）。

歯科技工士の時限的な診療報酬削減が争われた費用抑制補完法判決（BVerfGE 68, 193）では、この削減が歯科技工士の生計を具体的に危険に晒さないとする立法者の予測が比例原則の相当性（狭義の比例性）審査で取り上げられ、連憲裁は、当該予測を「詳細かつ確かな分析に依拠」しているとして主張可能であると判断し、職業遂行の自由への侵害はないとした（結論は合憲。事後是正義務違反もないとされた）。

外国人配偶者・家族のドイツへの呼び寄せに対する八年間の滞在要件・三年間の婚姻存続要件が争われた家族呼び寄せ決定（BVerfGE 76, 1）では、婚姻・家族の国家の保護義務が問題となった。比例原則の必要性および相当性審査において、上記要件によって（呼び寄せる側の）ドイツ社会への適応や偽装結婚を通じた外国人流入防止が果たされるという予測（なお、本件では行政規則と裁判所の命令が問題となった）につき、充分に信用ができ方法的に守られた認識が「見通すことのできる期間内および主張可能な費用の範囲内」では入手し得ないとして当該予測は問題ないとされた（結論は一部違憲）。

ハシシとの無許可の関わり合いを刑罰で威嚇することが一般的行為自由の侵害等に当たると争われたハシシ決定（BVerfGE 90, 145）では、当該威嚇の効果の予測が比例原則の必要性審査で問題となったが、連憲裁は、（予測の確実性を担保する立法者の行為等に触れることなく自ら）大麻の解禁と比して大麻との無許可の関わり合いを刑罰で威嚇する方が、現時点では大麻による健康の害からの保護がヨリ良くなし得ると判示し、それゆえ立法者の予測を主張可能とした（結論は合憲。法効果の監視義務が立法者に課された）。

酩酊物質依存に対する改善および保安処分として禁絶施設への収容処分を定める刑法典の合憲性が問題となった禁絶施設収容決定（BVerfGE 91, 1）は、人身の自由侵害に対する比例原則の適合性審査において、酩酊物質依存の治療が更なる違法行為の抑止に資するという立法者の予測を主張可能とした（結論は違憲）[3]。

②他方、比例原則内部で主張可能性の統制が用いられなかった事例もある。ただし、いずれの判例も主張可能性の統制とは別に実体的審査がなされていることに留意が必要である。

一定規模の企業に一定割合で障碍者を雇用する義務を課し当該義務違反に負担金を課すことが職業遂行の自由に反すると争われた障碍者法判決（BVerfGE 57, 139）では、義務的雇用の割合設定をする際の立法者の予測の合憲性が、義務的雇用割合の設定および負担金賦課の合憲性（これらは比例原則により審査された）とは別に問題となった。連憲裁は、因果的障碍概念から目的的障碍概念への変更に伴う障碍者数の増加に関する統計資料は存在していないものの、立法者が目的的障害概念を採用していた西ベルリンの経験を踏まえていたことをもって立法者の予測を主張可能とした（結論は合憲。予測の瑕疵に対して事後是正義務の存在が言及された）。

未出生生命（胎児）の生命保護という国家保護義務が問題となった第二次堕胎判決（BVerfGE 88, 203）では、助言コンセプトという新たに採用する保護構想が効果的な生命保護に資するという立法者の予測が問題となった。(4) 連憲裁は、助言コンセプトの保護効果について「信用のおける予測のために本質的な素材」を用いて「入念」に当該素材が自らの査定を充分に支え得るか判断しなければならないとしたうえで（ただし、これに関する詳細な判示はない）、助言コンセプトへの変化それ自体や、妊婦が通例は軽い気持ちで中絶を行おうとしないこと、そして助言による方が効果的な生命保護を達成し得るという立法者の予測を主張可能とした。他方で、助言コンセプトが生命保護にとって「適切かつ効果的」か、例外的場合にのみ堕胎が許される仕組みとなっているかという過少保護禁止違反の審査も別途行われている（結論は一部違憲、助言コンセプトの効果につき監視義務・事後是正義務が付された）。

少年行刑に関する郵便監視や懲戒処分につき法律上の根拠の不存在の合憲性が問題となった少年行刑判決（BVerfGE 116, 69）では、今後内容形成されるべき法律上の行刑執行・治療措置の有効性の予測について立法者に指示がなされた。当該措置の有効性は、現存する認識源を汲み尽くし、学問的認識の水準に基づくべきことが求められた。他方で、内容形成された法律に対しては、「人権と関連ある条約上の基準ないし国際規準」が適切に顧慮されているか否かという実体的審査もなされる、とされた（結論は合憲。本件では「主張可能」の語は用いられず、措置についての調査義務が立法者に課された）。

私的疾病保険会社に法定疾病保険と同等の給付の内容を持つ基本プラン（Basistarif）の契約締結を強制させることが職業遂行の自由等を侵害すると争われた法定疾病保険競争強化法判決（BVerfGE 123, 186）では、基本プラン締結強制が私的疾病保険会社のビジネスモデルに深刻な影響を与えないとした立法者の予測につき、「予測が充分に確実な根拠に依拠しているか否か」を連憲裁は審査すると述べる一方で、本件では「法律の効果を充分な蓋然性あるいはさらに充分な確実性をもって見通すこと」まで要求され得ず、立法者が予測を主張可能な論拠に基づいて行ったことで充分であり、今回の上記予測が「主張可能でない想定を出発点としていたということは認識され得ない」と判断した。締結強制自体は比例原則に基づいて別途審査された（結論は合憲。予測が外れた場合の事後是正義務に言及あり）。

（二）立法者の予測とは異なる、事実の確定・事実の評価という次元で主張可能性の統制が用いられた事例もある。

①一九九三年の基本法改正により「安全な第三国」（EU構成国または立法者が連邦参議院の同意を要する法律で指定する国）から入国した者は基本法十六条一項の庇護権が援用できないとされた。上記指定に際しては、「難民の地位に関する条約（GFK）およびヨーロッパ人権条約（EMRK）の適用が保障されている」という条件が基本法十六条二項により与えられていたところ、立法者がオーストリアを「安全な第三国」に指定したことにつき、上記条件を満たす根拠があるか争われたのが「安全な第三国」判決（BVerfGE 94, 49）である。連憲裁は、立法者は入手し得る限りで国内機関・国際機関の「確かな情報の基礎に基づいて、そして立法者の手許にあるその他の認識手段を顧慮して」決定しなければならず、得られた事実の根拠を判断する際に立法者に余地が認められるとしても、「立法者の決定は主張可能なものでなければならない」としたうえで、立法者が連邦内務省の審査報告書に依拠していることを指摘しつつ、オーストリアの庇護法や外国人法がGFK三三条およびEMRK三条の送還および追放の禁止（ノン・ルフールマン原則）を制度化していることを連憲裁自らも確認し、立法者の指定には問題はないとした（結論は合憲）。

「安全な出身国」判決（BVerfGE 94, 115）も庇護権に関わる。前記の基本法改正により「安全な出身国」（連邦参議院の同意を必要とする法律で指定される国）から来た者は庇護権を原則として援用できないとされた。そして、この指定に際しては「その法的状況、法適用、そして一般的政治状況からして、その地では政治的迫害も、非人道的または軽蔑的処罰または取扱いも行われていない」ことが条件とされていた（基本法十六条三項）。本件では、ガーナが「安全な出身国」に指定されたことが争われた。連憲裁は、この条件を満たす事実の確定に際して立法者は「入手可能であり信頼できるとみなされるべき情報源」に依拠しなければならず、そこから「関係国家における状況に関する充分に確実な像が生じなければならない」とした。そして審査は「立法者によってなされた決定の主張可能性には及ぶ」ものの、「問題となっている事項領域の特性および充分に確実な判断をなす可能性」を鑑みると、「立法者が自らの決定に際して適切な根拠に導かれていなかったという総合評価が生じる場合」にのみ連憲裁は違憲とする、と述べた。そして、連憲裁は、立法者が依拠した連邦内務省の調査報告書が「充分に信頼のおける像」を生じさせると述べつつ、ガーナ民主化後に全体主義的制度が廃止されたことを自らも確認し、立法者の指定に問題はないとした（結論は合憲）。

②「安全な出身国」判決において、主張可能性の統制の理解に対立が生じた。*Limbach* 裁判官は、「安全な出身国」か否かの判断は包摂活動ゆえに形成活動で問題となるような余地は生じず、それゆえ連憲裁の統制は、多数意見の行った「限定的な【eingeschränkt】主張可能性の統制」では簡便に過ぎるという。また、*Böckenförde* 裁判官も、主張可能性という尺度を立法者が適切な根拠を導き出せなかったか否かに限定することは許されないとして多数意見を批判している。これら少数意見は、「安全な第三国」事件や「安全な出身国」事件で、立法者が依拠した報告書に疑念を投げかける事象（オーストリアの法制度に対するUNHCR代理人の疑念やガーナにおける野党指導者に対する迫害の疑念）が存

在したにもかかわらず、多数意見がその事象を重視することなく立法者の判断を尊重したことを批判していると考えられる。

三　若干の検討、そして三段階理論の行方

（一）このように、「主張可能性の統制」には、その対象領域や具体の審査のあり方に関して、かなりの振れ幅があることが分かる。

共通する要素を挙げるとすれば、まず、主張可能性の統制とは別に実体的審査がなされている（主張可能性の統制は違憲審査の一部に過ぎない）、ということである。比例原則の内部で[5]、あるいは比例原則とともに主張可能性の統制が用いられる例が多いことからも、このことが分かるであろう。主張可能性の統制がもともと「予測」に対する統制手法であることから、「予測」でない部分の合憲性審査が別途予定されているのである。次に、主張可能性の統制が用いられた際に、「主張可能でない」という理由で違憲判断がなされたことがない、ということである（その他の理由で違憲となった例はもちろんある）。

特にここで着目したいのは、「立法者の行為」に着目する審査の振れ幅である。同じく主張可能性の統制とされるものでも、共同決定法判決の言うような「手続の要請」に相当程度着目し、立法過程における専門家委員会の動向や専門家委員会の提言と法律の同一性まで審査するようなものから、およそ「立法者の行為」に触れぬまま「主張可能」という結論を下した禁絶施設収容決定のようなものまで存在する。判例の展開からすると、共同決定法判決の述べるほどに「手続の要請」を審査した主張可能性の統制は少ない一方で、「信用のおける素材」に依拠したか、あるいは「認識源を汲み尽くす」ことを

行ったか、ということを一般論レヴェルで述べる判例は多い。この限りで、共同決定判決の後の判例においては、共同決定法判決の行ったような「手続的」審査の側面が希薄化していると言えると思われる。ところで、違憲を立法者に対する非難可能性に依存させることは「違憲の主観化」と呼ばれるが、[6]このような「認識源を汲み尽くす」式の主張可能性の統制が立法者に対する非難可能性を審査し、それゆえ違憲の主観化の問題を惹起するものだとしても、[7]主張可能性の統制の内実に振れ幅があることに応じて違憲の主観化の程度も振れ幅があることになる。[8]いずれの問題も、結局、主張可能性の統制をどのようなものとして理解するかという点に、多くが依存することになろう。

また、主張可能性の統制と立法者の事後是正義務も、必ずしも常にセットで用いられていないことも見て取ることができる。

(二) 最後に、三段階理論のその後についても触れておく。第二次堕胎判決で、連憲裁は、未出生生命の保護義務の実現に際して認められる査定余地・評価余地・形成余地について、審査は「いかなる場合も」立法者がその余地を「主張可能な方法で」行使したか否かに及び、「互いに区別可能な三つの統制尺度が導かれるか否かについては、論ずる必要がない」と述べ、これに対し「共同決定判決における新・三段階理論〔本稿のいう三段階理論―本稿筆者〕との関連はどうなのか。それとも、この理論は最終的に放棄されたのか」と評されていた。[9]

さらにその後、連憲裁は、競合的立法権限等が問題となった老人介護法判決(BVerfGE 106, 62)で、基本法七二条のいう連邦法による規律の必要性に関して、「単なる【blog】主張可能性の統制を超え出でる」統制を行うとしたうえで、次のように述べた。すなわち、この「必要性」があるといえるのは、連邦法による規律なしには基本法七二条二項の目標基準が達成され得ないか、充分に達成され得ない場合に限られる。連憲裁はこの基準に基づき統制を行うが、この統制のために現在または過去の事実を確定する必要がある限り、何らの制約にも服さない。憲法違反となるのは、「法律が立法者の瑕疵ある事実確定に依拠している」場合である。このことは予測的決定の根拠としての事実確定にも妥当し、「立法者が可能な限り完全な確定に自らの決定のよりどころを求めたか、あるいは立法者が重要な事実を見渡していたかということは、審査可能である」。さらに、当該必要性に関する将来の展開の予測を行う場合にも立法者は余地を有するが、その統制には「統一的で、多面的な情勢を平均化する回答を与えることはなし得ず、差異化された解決のみを与えることができる」ので、「総合考察という方法においてのみ確定され得る」。その総合考察は、「事項領域に関連し、また保護されるべき利益を顧慮する」。その際、法律の根拠にある期待の「客観化可能性および合理化可能性」が考慮される。他方、「時間不足や不充分な審議」といった状況は予測余地を拡大しない。本件では、予測は「入念に確定されるか、あるいは少なくとも裁判所の審査の枠内において有効性が確認される事実関係の想定を根拠に置かなければなら」ず、「その方法に関して、適切な予測の手続に依拠しなければならず、そして、この予測の手続は一貫して追求されなければならない」。「予測に基づく査定を支える観点が充分な明白さをもって開かれた形で並べられているか、それら観点の公開性が少なくとも規範統制手続において担保され得るか否か、そして予測において事柄に関係のない考慮が含まれていないか否か」を連憲裁は審査する、と。そして連憲裁は、政府の委員会・専門委員会の六つの調査報告書に法律が依拠しており、鑑定意見書や職業組合もその有効性を確認していることを踏まえつつ、さらに連憲裁自らも立法者の予測を審査しそれを肯定した。

（三）このように、老人介護法判決は、共同決定法判決の主張可能性の統制を彷彿とさせつつも、主張可能性の統制や共同決定法判決の三段階理論から距離を取るかのような判示をしている。他方で連憲裁は、その後の法定疾病保険競争強化法判決で、共同決定法判決の三段階理論を再度引用している。それゆえ、共同決定法判決の三段階理論に対しては、それは「一貫した形では追求されていない」とか「継続されていない」と指摘されている。[10] 主張可能性の統制も、そしてそれを内に含む三段階理論も、今後いかなる展開を見るのだろうか。

（1）例えば、小山剛『「憲法上の権利」の作法〔第三版〕』（尚学社、二〇一六）一八六頁。

（2）拙稿「ドイツ連邦憲法裁判所における主張可能性の統制（Vertretbarkeitskontrolle）に関する一考察（一）」早稲田大学大学院法研論集一五一号（二〇一四）三八三頁以下、同「ドイツ連邦憲法裁判所における主張可能性の統制（Vertretbarkeitskontrolle）に関する一考察（二・完）」早稲田大学大学院法研論集一五五号（二〇一五）三〇一頁以下、同「ドイツ連邦憲法裁判所における『主張可能性の統制（Vertretbarkeitskontrolle）』の展開」早稲田法学九三巻二号（二〇一八）一二五頁以下、同「ドイツ連邦憲法裁判所における『主張可能性の統制（Vertretbarkeitskontrolle）』の展開Ⅱ」早稲田法学九四巻一号（二〇一八近刊）、同「ドイツ連邦憲法裁判所における『主張可能性の統制（Vertretbarkeitskontrolle）』の現在」下関市立大学論集六二巻一号（二〇一八近刊）（「現在」論文の末尾に主張可能性の統制が用いられた判例一覧をコメント付きで表にしてある）。

（3）なお、褐炭の階段式露天掘りのための公用収用に関する土地譲渡決定と大綱事業計画の合憲性が問題となったGarzweiler 判決（BVerfGE 134, 242）では、比例原則の目的審査において、公用収用を正当化する「公共の福祉の目標」の重要性の立法者による査定に対して主張可能性の統制が用いられた。しかし、いかなる意味で主張可能なのかという詳細について判示が見当たらない（結論は一部違憲）。

（4）もっとも、第二次堕胎判決では、立法者の予測（予測余地）のみに対して主張可能性の統制がなされたのか、あるいは立法者の形成の自由一般に対して主張可能性の統制がなされたのか判然としないところがあり、後者の理解をとる論者も存在する（*Christian Bickenbach*, Die Einschätzungsprärogative des Gesetzgebers (2014), S.88）。

（5）比例原則審査において、適合性審査で「主張可能」な立法者の予測が援用される場合とは異なり、必要性審査や相当性審査でそれが援用される場合には、適合性審査がもともとさほど厳格ではなく、後者の場合には手段の必要性や相当性につき裁判所の判断代置がなされないことになるので、審査密度が低下すると考えられる。

（6）参照、安念潤司「いわゆる定数訴訟について（四）」成蹊法学二七号（一九八八）一六二頁。

（7）参照、宍戸常寿『憲法裁判権の動態』（弘文堂、二〇〇五）二六五頁。

（8）参照、拙稿・前掲註（2）「現在」論文「小括」。

（9）小山剛「連邦憲法裁判所第二次堕胎判決における保護義務論の展開（一）」名城法学四三巻三号（一九九三）一一五頁。

（10）*Hubertus A. Stuttmann*, Gesetzgebrische Gestaltungsfreiheit und verfassungsgerichtbarkeitliche Kontrolle (2014), Rn.70.; *Bickenbach*, a.a.O., S.516.

〔附記〕本研究はＪＳＰＳ科研費 JP18K12633 の助成を受けたものです。

フランスの政治裁判権における司法官の位置づけ

橋爪英輔
（慶應義塾大学・院）

はじめに

フランス公法学において「政治司法」（justice politique）[1]という「政治」と「司法」という二律背反的単語が組み合わされた異質とも思われる概念が存在する。端的に言えば、組織・権限（裁判管轄）の面で政治性を帯びた裁判制度を指す概念である。このフランス特有の政治司法、あるいは政治裁判権（juridictions politiques）を体現していた統治機構が高等法院（Haute Cour）であった。その歴史は古くフランス革命以降の憲法典のほとんどで憲法上認められてきたが、その有り様は憲法典ごとに異なる。これらの高等法院の制度的な展開については割愛するが[2]、①人的管轄として閣僚や政府構成員を、事物管轄として「国家安全に対する罪」についての裁判管轄を有し、②構成にいくつかの類型があるが、議院内閣制の下では下院に訴追機関、上院が裁判機関として構成されるような特殊な構成がとられる場合があることに特徴をもつ。

しかしながら、この政治司法には現代的な変容が認められる。その象徴たるものは、一九九三年の憲法改正による共和国法院（Cour de justice de la République）の導入により、政府構成員の刑事責任につき、議員選出裁判官と司法裁判官の混成による機関での裁判が実現したことである[3]。そこで本稿は、フランスにおける裁判制度の現代化をみながら、政治司法に司法手続的側面が強化されてゆく脱政治化（dépolitisation）ないし司法化（judiciarisation）現象を確認する（→一）。そして、この脱政治化・司法化現象を、次の二つの観点から分析する。第一に、脱政治化・司法化の背景にある裁判手続における平等の要請を「固有の裁判官」[4]概念から分析する（→二）。第二に、政治司法の脱政治化や司法化の要請に応えうる司法官の地位の向上を制度的観点から確認する（→三）。

一　フランスにおける裁判と政治司法

（一）近代の裁判官像

フランスにおいて裁判と政治・民主主義の関係を論じる上で出発点とされるのが、Montesquieu の権力分立論である[5]。すなわち、「国家の裁判官は、法律の言葉を語る口に過ぎず、法律の力も厳格さも緩和することができない生命のない存在である」（『法の精神』第Ⅺ編第Ⅵ章）という言明に由来し、裁判官は「無の権力」（pouvoir nul）とされる。近代フランス公法学における権力分立論の中心は議会と行政であり、「司法権」（pouvoir judiciaire）でもない裁判機関は関心から外れていたのである[6]。他方で、権利保障の実現手段は J.J.Rousseau 流の「一般意思の表明」たる法律の役割であり、法律を法秩序の最高位に置く法律中心主義（légicentrisme）という前提の下で、第五共和制における de Gaulle の登場までは、議会主権とともに憲法適合性審査の不在が続いていた。このような文脈で、権利保障の確保と権力分立（人権宣言一六条）が発展してきたのである。

他方で、「政治司法」は近代の民主化過程において政治を法に従属させるための統治制度としての存在意義を獲得していった。その背景にはあるのは、第一に、絶対主義において政治権力者が裁判という形式に頼る場合は、政敵の排除という主観的なレゾン・デタ（raison d'État）の発露とみられるが、それを非主観化するという目的である。[7] 第二に、代議制民主主義における多数者専制の脅威を避けるという目的であり、法律の憲法適合性審査や政治指導者の責任追及制度がこのような目的に資する。もっとも、フランスにおいては、「裁判官統治」（gouvernement des juges）に対する拒否反応にみられる裁判官への不信が要因となり、長年の法律の憲法適合性審査の否定やコンセイユ・デタによる行政活動の統制と同様に、統治者が裁判官の前に晒されることを避けるために、第三共和制のような議院内閣制における高等法院のような形態の政治司法が求められた。このような政治司法は司法権の範疇ではなく、専ら議会の権能に属する制度である。

（二）現代における裁判官像からの変容

①近代的裁判官像からの解放

ところが第五共和制以降、伝統的裁判官像から裁判官を解放し、諸権力の新たな均衡の中に裁判機関を位置づけようとする見解が登場する。例えば、裁判制度の概説書において、第五共和制憲法下で生じた裁判官像の潜在的な解放や向上を「裁判革命」とし、一九七〇年代初めの訴訟爆発（explosion du contentieux）において、裁判官の介入の正統性を肯定され、その反面で家族、教会、社会的階級などの個人間の諸関係を規制する伝統的な他の手段〔＝立法や行政〕が衰退し、裁判官がその恩恵を受けることで、この新しい諸権力の形態を確固たるものにしたと指摘されている。[8]

また、Bertrand Mathieu によれば、次のような法的・政治的・社会的文脈のなかで司法権の発展が生じているという[9]。第一に、基本的諸権利および諸自由の発展であり、これによって「裁判官が権利の擁護者として、政治的民主主義に支えられた代表者と競合する正当性のなかに加えられる」[10]。第二に、政治生活および社会生活の刑罰化である。具体的には二〇〇七年憲法改正によって定められた大統領の任期中の刑事手続からの除外（一九五八年憲法六七条）と罷免手続（六八条）、既に言及した一九九三年の憲法改正による政府構成員の刑事責任追及機関である共和国法院の導入、両性や労働関係（ハラスメントの処罰化）や政治的立場・イデオロギー（記憶の法律）等の社会の構成要素における刑罰化現象などが挙げられる。第三に、ＥＵ法的・国際法的に人権法源が多様化する中での、国内外の判例の循環（circulation）が裁判官の役割を向上させる。第四に、フランスの多元的な法秩序間の関係を規律する役割が裁判官に期待されている（憲法適合性審査や条約適合性審査）。

このように現代のフランスでは《法律＝一般意思の表明》と《裁判官＝無の権力》の近代的前提を克服した裁判官像が生まれ、その背景には社会の諸側面の司法化や裁判中心主義的志向がある。

②脱政治化のなかの政治司法としての共和国法院

このような文脈で政治司法の脱政治化・司法化の動向を確認したい。一九九三年七月二三日の憲法改正の概要は、次の通りである。①閣僚を含む政府構成員の刑事責任に関して「政府構成員は、その職務の執行中に行った行為で、かつ、その行為時に重罪もしくは軽罪に該当した行為について、刑事上の責任を負う」（一九五八年憲法六八条の一第一項）という規定を置き、その裁判を従来の高等法院から新しく設けられた共和国法院に委ねた（同条二項）。なお、重罪・軽罪の定義は法律に従う（同条三項）。②共和国法院は、法院は一五名の構成員で構成され、国民議会から六名、元老院から六名選出され、破毀院裁判官三名（うち一名が主宰する）が加わる（六八条の二第一項）。③被害を受けたと主張する当事者の告訴が認められ、告訴は申請委員会（commission des requêtes）が受理し審査の上で、検事総長へ移送する（同条二・三項）。検事総長は申請委員会の移送を受けるか、職権によって共和国法院への提訴を決定する（同条四項）。④六八条の二第五項により委任を受けて成立した一九九三年十一月二三日組織法律は、申請委員会の構成を破毀院裁判官二名、コンセイユ・デタ裁判官二名、会計院裁判官二名と定めるほか（法十二条）、共和国法院の予審機関として、破毀院裁判官三名による予審委員会を置いた（法十一条）。

この改正で重要な点は次の通りである。第一に、改正前では両議院から同数選出される議員裁判官のみが高等法院の構成員として裁判を行うものであったが、改正後の共和国法院では、司法官職である破毀院裁判官が加わり、かつ手続を主宰するという構成の変化がある。第二に、改正前は訴追のために両議院で公開投票による多数決による同一の議決が要求されたことから、手続の発動は国会が独占し極めて政治的であった[11]が、改正後は、告訴が当事者たる市民にも認められ、そのフィルターとして機能する申請委員会の審査から予審に至るまで司法官職により手続が進行する。このように、共和国法院は従来の高等法院に比べると相対的に手続全体の司法化を認めることができる。

二　政治司法と裁判手続の平等性

（一）共和国法院の設立と平等の要請

前述の閣僚責任追及制度の改革で意識された点の一つに「裁判の前の平等」（l'égalité devant la justice）原則の貫徹がある。憲法改正諮問委員会の委員長であるGeorges Vedelが指摘するのは、一般市民と異なり閣僚が通常裁判所で責任を追及されないことであった[12]。この点を後押しする学説も存在し、「裁判の前の平等」や「刑事法の前の平等原則[13]」の観点から共和国法院を肯定する論者（Michel Degoffe）も存在した。もっとも、Olivier Beaud に代表されるように、従来の高等法院制度において閣僚が負う責任が政治的・刑事的責任とよばれてきた刑事上の形態を借りた政治責任であったが、過失軽罪等を含む普通法上の刑事責任に取って代わることで、「法律の執行の際の単純な懈怠を含むような、あらゆる普通法上の重罪及び軽罪の責任が今後負わされることになる。この変化は果てしない射程を有する[14]」と司法化を批判する見解もある。結局、共和国法院は妥協の産物として議員裁判官が残る形となった。

（二）「裁判の前の平等」と「固有の裁判官」

フランスにおいて裁判手続の平等は二つの形であらわれる。一つは一七八九年人権宣言を法源とする「法の前の平等」（l'égalité devant la loi）に含まれる「裁判の前の平等原則」であり、憲法ブロックとして現在の憲法適合性審査で援用される原則である（単独裁判官判決[15]）。

もう一つは「固有の裁判官」（juge naturel）という概念である。この概念は、裁判組織に関する一七九〇年八月一六・二四日法律で登場する。一六条では「裁判におけるあらゆる特権は廃止され、市民は何人も差別なく、同一の事件においては、同一の手続で、同一の裁判官の前で裁判を受ける」とし、一七条で「いかなる委任によっても、法律によって定められたもの以外の管轄指定や移送によっても、裁判所の構成上の秩序は妨げられてはならず、裁判を受ける者は固有の裁判官から切り離されてはならない」と定められている。

この一七九〇年法律一六条は単独裁判官判決の元老院議員の付託理由で援用され、憲法ブロックとして承認されることが望まれたが、憲法院は承認していない（そもそも共和国の諸法律に該当しない)。もっとも、この一七九〇年法律一六・一七条での平等は、裁判の利用者や受益者との関係における「裁判公役務の指導原理」として、フランスの裁判制度の設計に影響を与える意義を有する[16]。また、Thierry S. Renoux は、この「固有の裁判官」概念に「裁判の前の平等」の具体的内容を解明する意義を見いだしている。Renoux によれば、具体的な要請として、(α) 共通する司法組織の規範に従って任命される裁判官による「裁判所の同一性」、(β) 当事者に対等な機会を保障する「手続規範の同一性」、(γ) 法律および裁判所による法律解釈の同一性としての「実体規範の同一性」を挙げている[17]。このαの要請は裁判を受ける者の身分による差別を禁止するが、訴訟の性質や職務による区別を許容しており、多様な裁判制度を設けること自体は禁止されない。

この固有の裁判官の観点から共和国法院をみると、政府構成員の身分に着目して特別な裁判所の管轄を設けることはαの要請に反するが、一九五八年憲法六八条の一第一項の職務行為に関連する刑事責任に限定することは訴訟の性質による区別として許容されよう。また、重罪・軽罪の定義は法律に従い(同条三項)、判決が上告対象となっていること(一九九三年組織法律三三条)はγの要請に合致するだろう。

三　政治司法における司法官

(一) 司法官と政治権力との関係

共和国法院の諸手続に破毀院裁判官の関与を認め、閣僚裁判を司法化した以上、司法官の政治権力からの独立が求められよう。そこで、司法官が政治権力とどのような関係にあったかを確認する。

①第五共和制以前の司法官職

絶対王政の下での裁判官は封建的性格と併せて「王国の第二の権威」として、裁判官の独立、終身的身分保障の強化、さらには王令登録権・建言権を主張し、王権の敵対的権力とみなされることもあった。このような裁判官の権力志向性の反動から、革命後に、①一七九〇年法律で政治権力の行為へのあらゆる裁判的統制を禁止し、②裁判官の法律遵守および執行権への侵害を監視するための破毀裁判所の創設し、③官職制度の廃止と人民による裁判官選挙制を導入した。[18] しかしながら、③については、ある種のアマチュア精神が支配することになり、制度の合理化が求められ一八一〇年四月二〇日法律によって司法官職の資格制と二年間の弁護士修習が導入された。[19] 次第に執行権は裁判官に対する影響力を行使し、裁判官に対する忠誠を求めるようになった。裁判官は新たな政治体制の確立の度に粛清を受けるように、統治体制の不安定性は裁判官の身分に直結した。[20] 司法官職の同業組合化が図られたのは第三共和制になってからであるが、それでも破毀院合同部に司法官職高等評議会[21]としての懲戒権限を与え、「あらゆる政治的討議」ならびに「共和制の原理や統治形態に対する敵意のあらゆる表明ないし表出」を懲戒事由とし、司法大臣の懲戒申立が認められ（一八三三年八月三〇日法律）、司法官職は政治的な圧力から解放されていなかった。

②第五共和制における司法官職

ところが、第五共和制になってから司法官職の地位は劇的に変化する。一九五八年十二月二二日のオルドナンスでは、選抜試験[22]を経て登用される傍聴官（auditeur）は一九五九年に創設された国立司法センター（後の国立司法学院）で職業訓練を受けることが求められるようになった。登用における能力主義的方法について、Florence Bussy & Yves Poirmeur によると、「司法官職の社会的出自についてのある種の多様性をもたらし、それに伴い政治的信条の多様性ももたらされ」、「同一の地位に属し、自らに正統性を与える専門的知見や擁護されるべき集団の利益をもっていることから、裁判官と検察官は当時まで統合されていた社会階層から区別される職業的アイデンティティを備えた特定のグループを構成し」、「同業組合的な自律化や政治的多様性への変化はサンディカリスム（syndicalisme）の発展として現れる」[23]。他方で、第五共和制憲法は司法の独立の保障者としての地位を大統領に担わせ（一九五八年憲法六四条一項）、大統領の補佐機関としての司法官職高等評議会は当初は直接大統領によって主宰され、司法大臣が副議長とし、構成員も大統領によって選出されていた（旧六五条）。Bussy & Poirmeur によればそのような憲法上の大統領の司法官職に対する影響力にもかかわらず、「裁判官の政治活動やサンディカリスムの発展は司法官職に対する政府の統制力の低下を顕現しており、したがって、逆説的に相対的な脱政治化を表している[24]」と事実上の独立性を認めている。

③近年の政治的独立の強化

司法の事実上の独立は一九九三年と二〇〇八年の憲法改正によって憲法上の保障が備わる。共和国法院の創設とともに同日の憲法改正では司法官職高等評議会に関する規定も改正した。この改正では、裁判官と検察官に対してそれぞれ権限をもつ部会に分けられ、その上で裁判官に対して権限を有する部会では、大統領・司法大臣の他、裁判官五名、検察官一名、コンセイユ・デタにより任命されるコンセイユ・デタ裁判官一名、そして大統領・国民議会議長・元老院議長が一名ずつ指名する有識者三名が構成員となった。さらに、二〇〇八年改正によって、大統領と司法大臣は参与せず、破毀院院長が主宰し、さらに、弁護士一名、大統領・国民議会議長・元老院議長が二名ずつ指名する有識者六名が加わった。これらの改正によって、同輩によって選ばれた裁判官が司法官職高等評議会の構成員として認められた。

以上の司法官職高等評議会の構成の有り様は、懲戒権限をめぐり、自律権の幅を維持することに腐心する司法コオルの論理と、裁判官の従順さを獲得することを欲する政治権力の論理が対立するものであり、司法官職高等評議会における裁判官の参与は司法官職の組合的自律を獲得し、政治的影響力の排除という意味で司法官職の脱政治化をもたらすものであった。

(二) 共和国法院と司法官

以上のように、第五共和制における司法官職は選抜試験によって能力主義的かつ多元的に採用されるともに、司法官職のサンディカリスムを促進して事実上の独立性の獲得と、それを追認ないし後押しするように憲法改正によって自律性の獲得が進んでいる。

前述の通り、共和国法院の手続の中で司法官は告訴から訴追まで関与し、さらに判決機関たる法院では少数派であるが破毀院裁判官が主宰する。Bussy & Poirmeur はそのことが「閣僚の政治責任追及ではなく、刑事責任を評価する意思をはっきり示している」と評価しつつ、共和国法院自体は「政治家によって発露される政治家共同体の利益やそのような利益に順応しなければならない政治的な特性から独立したコオルとして現れるほど十分に脱政治化したということはできない」と指摘している[25]。閣僚裁判の司法化は、共和国法院の手続の外見的な脱政治化だけではなく、それに関与する司法官の脱政治化までもが求められるのである。

おわりに

政治司法の脱政治化は、政治指導者の特権を縮減し、市民と同一平面に置こうとする平等の要請とともに、第五共和制における権力の均衡の変容と政治責任追及制度の機能不全から生じたものと考えられる。Pierre Rosanvallonが「政治の司法化の問題」の要因して、市民の要求に対する政府の反応性の低下と、市民による政府のアカウンタビリティの要求を挙げ、そのような状況で、「対立と代表のデモクラシー」から「帰責のデモクラシー」へとシフトすると指摘する。[26] フランスは憲法改正という劇薬による治療を施したようにみえる。立憲主義が岐路に立たされている日本でも政治責任の機能不全という問題は共通してあるようにみえるが、フランスへの処方箋が日本において有効であるとは断定できないだろう。少なくとも、フランスが司法官の政治的多様性を維持しつつ、政治部門からの独立性を確保したのと比べると、寺西判事補事件や宮本判事補再任拒否から透ける日本の裁判官像は政治性を中和・無効化した存在であり、両国において相当の差異があるように思われる。政治裁判権のない日本においては、まずは議会の権能である国政調査権の実効性を上げることが求められよう。その上で、司法的な手続をどの程度借用するかという議論が可能とも思われる。[27]

［附記］本稿は二〇一七年六月例会報告以降の研究成果を反映し、当日の報告内容に修正を施したものである。また、本研究は平成二九年度日本学術振興会科学研究費助成事業（JP16J05113）の助成を受けたものである。

（1）この政治司法の訳は高橋泉「閣僚の政治責任（一）・（二）」上智法學論集四五巻（二〇〇一年）一号四一－七一頁、二号八一－一二一頁等の先行研究に従っている。ただし、拙稿「フランス公法における『政治司法』概念とその変容――統治機構における政治と司法の交錯点」法学政治学論究一一〇号（二〇一六年）一七一－二〇七頁で明らかにしたように、この概念が「行政裁判」と対置される「司法」との意味に限られずに用いられる可能性をもつ。

（2）拙稿「フランス憲法における閣僚裁判権」法学政治学論究一〇七号（二〇一五年）一〇一頁以下参照。

（3）共和国法院の設立経緯については、高橋・前掲注1ほか、三上佳佑「フランスにおける執行権の政治責任原理とその『刑事化』」憲法理論研究会編『対話的憲法理論の展開』（敬文堂、二〇一六年）一八九頁以下で詳細な紹介がある。これらの文献に本稿は大きな示唆を受けている。

（4）本稿で司法官または司法官職の語を用いる場合は、magistrat・magistrature の訳であり、裁判官（magistrat du siège）と検察官（magistrat du parquet）が含まれる。

（5）例として、B. Mathieu, *Justice et politique : la déchirure ?*, L.G.D.J., 2015, p. 15.; D. Ludet, D. Rousseau, *La justice, un pouvoir de la démocratie*, Terra Nova, 2011, p. 14.

（6）F. Saint-Bonnet, « Le < constitutionnalisme > des parlementaires et la justice politique. Les équivoques des < lits de justice > du XVIIIe siècle », *in Parlement [s], Revue d'histoire politique* n°15, 2011, p. 11.

（7）F. Bussy et Y. Poirmeur, *La justice politique en mutation*, L.G.D.J. 2010, p. 25 et s.

（8）N. Bracconay et M. Delamarre, *Instituions juridictionnelles*, Vuibert, 2007, p. 51.

（9）Mathieu, *op.cit.*, pp. 16-25.

（10）*Ibid.*

（11）Rapport remis au Président de la République le 15 février 1993 par le Comité consultatif pour la révision de la Constitution, *J.O.R F.*, 16 février 1993, p. 2543.

（12）G. Vedel, *Le monde*, 30 octobre 1992. なお、憲法規定そのものがその状況を生み出したのではなく、一九六三年の破毀院刑事部判決が旧六八条を通常裁判所の管轄権を否定するものと解釈したことに由来する。Cass. crim., 14 mars 1963, « Frey c. de Blignères ».

（13）M. Degoffe, « Pour la Cour de justice de la République » *R.D.P.* 1999, n°2, p. 417.

（14）O. Beaud, *Le sang contaminé*, PUF, 1999, p. 94.

（15）CC, 23 juillet 1975, n°75-56 DC. 裁判の前の平等につき、拙稿「フランス政治司法の例外裁判所的側面の一考察――例外状況の理論および裁判の前の平等の観点から」法学政治学論究一一五号（二〇一七年）一－三七頁。

（16）Bracconay et Delamarre, *op.cit.*, pp. 80-81.

（17）T. S. Renoux, « Le droit au juge naturel, droit fondamental », *RTD. civ.*, 1993, pp. 32-58.

（18）*Ibid*, p. 52.

（19）*Ibid*, p. 53.

（20）*Ibid*, p. 54.

（21）司法官職高等評議会の歴史的展開について、佐藤修一郎「司法官職高等評議会小史——第三共和制から二〇〇八年憲法改正まで」白山法学七号（二〇一一年）六九‐九三頁参照。

（22）現在の国立司法学院では、法学修士以上の学歴をもつ者や公務員、職業経験者等の多元的な入試制度が設けられている。参照　山元一『現代フランス憲法理論』（信山社、二〇一四年）四七〇頁、初出「フランスにおける法曹像・法曹養成に関する調査報告」慶應法学一二号（二〇〇九年）。

（23）Bussy et Poirmeur, *op.cit.*, p. 57.

（24）*Ibid*, p. 58.

（25）*Ibid*, p. 79.

（26）P. Rosanvallon, *La contre-démocratie*, Seuil, 2006, pp. 231-234.

（27）植村勝慶「政治腐敗根絶法案」木下智史ほか編『事例研究憲法（第二版）』（日本評論社、二〇一三年）四八四‐四九七頁における設問が問題設定として興味深い。

第三部　立憲主義と人権

学校における信教の自由と裁量審査、合理的配慮
――カナダ最高裁判決を素材に――

栗田佳泰
（新潟大学）

はじめに

カナダ最高裁は、一九八六年のオークス（*Oaks*）判決から、[1] 違憲と疑われる法令等について、個人の憲法上の権利に対する侵害の有無、そしてその制約の正当化の可否の二段階に分節化された合憲性審査を行うことがある。[2] 同判決で確立された「オークス・テスト（*Oaks* Test）」によれば、問題となっている制約が一九八二年憲法中の「権利および自由に関するカナダ憲章」（以下、「カナダ憲章」という。）第一条のいう「法で定められ」た制約といえる場合、それが憲法上の権利を侵害するとされれば（第一段階）、その目的と手段がそれぞれ審査される（第二段階）。目的については重要性が審査され、[3] 手段については、「比例テスト（proportionality test）」を用いた審査が行われる。このテストはさらに三つに細分化され、最初に、目的と手段とが「合理的に関連（rationally connected）」したものか否か（「目的と手段の合理的関連性」）、次に、手段によってもたらされる制約が「可能な限り小さ（as little as possible）」いものか否か（「最小性」）、最後に、手段によってもたらされる「効果（effect）」

が目的と「比例するもの（proportionality）」か否か（狭義の「比例性」）が審査される。[4]

それでは、カナダ最高裁は、どのようにオークス・テストを用い、あるいは用いないのか。行政裁量との関連はどうか。[5] それを垣間見るため、学校という裁量の強く認められやすい場を舞台として、[6] 典型的な人権の一つとされる信教の自由が問題となった二つの判決を取り上げる。[7]「合理的配慮（reasonable accommodation）」を拒否した行政庁の決定を、オークス・テストを用い、信教の自由に対する侵害であって正当化されないとしたムルタニ（*Multani*）判決[8]（一）、宗教的多様性等を教える「倫理宗教文化（Ethics and Religious Culture、以下、「ＥＲＣ」とする。）」プログラムを「同等」の他のプログラムに代えることを拒否した行政庁の決定を、信教の自由を基礎づける価値と法の目的との「比例的衡量（proportionate balance）」に失敗した不合理なものとしたロヨラ（*Loyola*）判決[9]（二）である。

本稿では、右に挙げたカナダ最高裁判例から、信教の自由に関する行政裁量統制の在り方を瞥見し（三）、もって、日本への示唆を得たい（おわりに）。

一　ムルタニ判決

（一）事案の概要

シク教におけるキルパン（kirpan）は、常に携帯すべき金属製の小刀様宗教用具である。マルグリットブルジョワ（Marguerite-Bourgeoys）教育委員会の運営評議会は、シク教徒である生徒Xのキルパンの学校での携帯につき、厳重に梱包するなどの条件付きであっても、一切の武器・危険物の持込みを禁止する校則に対する「合理的配慮」を認めなかった（以下、「運営評議会の拒否決定」とする。）。そこでXは、運営評議会の拒否決定は無効などとして訴えた。[10]

（二）判旨

①多数意見

制定法により組織され、授権されている「行政庁の行為により課された制約は、カナダ憲章第一条のいう『法で定められた制約』といえる。[11]」

「Xの信仰が真摯であることについて当事者および関係者に争いはない……学校でのキルパンの携帯が禁止されることで、Xの公立校に通学する権利は剝奪された。したがって……Xの信教の自由に対する侵害が許容されるためには、カナダ憲章第一条によって正当化される必要がある。[12]」

「運営評議会の拒否決定は、学校での安全を合理的な水準で維持するという圧倒的で実質的な目的に動機付けられている[13]」

「キルパンが殺傷可能性をもつ刃物である以上」、運営評議会の拒否決定は、「学校での安全を合理的な水準で維持するという目的との間に合理的関連性を有している[14]」

判例によれば、「表面的には中立的に見える政策やルールによって不利な影響を受ける個人に対しては『合理的配慮』を行わなければならないが、それは措置を行うべき者にとって過剰に困難（undue hardship）とならない範囲にとどまる。」「合理的配慮」義務との類比は、「特定個人に関して、『最小性』のテストが帰結する負担とは何かを導くのに役立つ」。第一審が付した条件（引用者注：厳重に梱包すること等）の下では、Xがキルパンを暴力目的で用いる等の可能性は非常に低く、「キルパンは暴力の象徴であり、権利を主張したり衝突を解決したりするのに実力行使が必要だというメッセージを与えるから携帯を禁止すべきだとする議論」は、「キルパンの象徴的意味に関する証拠と矛盾し、シク教の信仰に対して礼を欠くばかりか、カナダの諸価値が多文化主義に基礎づけられていることを軽視している」。したがって、運営委員会の決定によって課される制約は、「Xの権利に対する『最小』の制約とはいえない[15]」。

「学校でキルパンの携帯を例外なく禁止することは……他の生徒に、ある宗教的実践は保護に値しないというメッセージを送ることになる。一方、Xに合理的配慮を行い、一定の条件の下でキルパンの携帯を認めるならば、我々の社会が信教の自由の保障と少数派に対する敬意を重視している証となる。このように、一律禁止によってもたらされる有害な効果は、その健全な効果よりも大である[16]」。

②同意意見[17]

本件では、制定法や規則といった一般的に適用される規範を審査する際に用いられるべき「憲法的正当化」よりも、「行政法的審査」を行なうべきである[18]。

カナダ憲章に違反する行政庁の決定を維持するのには無理がある。本件についていえば、「教育委員会は、安全だけでなく、信教の自由や平等権も含めてすべての基本的な諸価値を考慮しなければならなかった……信教の自由を無視して安全を言いたてた教育委員会の決定は合理的ではなかった[19]」。

「合理的配慮が求められる過程では、当事者の置かれている状況に固有の詳細な事実関係が重視され、当事者間には対話の余地がある」。「しかし、これとは異なり、『最小の制約』は、憲法的正当化分析の結果もたらされる大きな効果の文脈で考慮される。この侵害の正当化は社会的利害に基礎づけられるものであり、当事者の個別的なニーズにではない[20]」。

二　ロヨラ判決

（一）事実の概要

ケベック教育余暇スポーツ大臣（以下、「大臣」とする。）は、私立校に対し、「同等」のプログラムでERCプログラムに代えることを認めることができる（ケベック私立学校法施行規則第二二条）[21][22]。カトリックの私立校X（ロヨラ高等学校）がERCプログラムに代替するものとして提案したプログラムに対し、大臣は、全体として「カトリック的観点から行われる」こと等を理由に「同等」とみなさず、ERCプログラムからの離脱を認めなかった（以下、「大臣の拒否決定」という。）。そこで、Xは、大臣の拒否決定に対する司法判断を求め訴えた。[23]

（二）判　旨

①多数意見

「ドレ判決によれば、[24]行政庁は、裁量を行使するにあたって、侵害されそうになっているカナダ憲章上の保護――価値および権利――と関係法の要請とを比例的に衡量するよう求められる。[25]」「Aharon Barak のいうように[26]……憲法上の権利の目的は、憲法的価値の実現である。カナダ憲章上の諸価値――それぞれの権利を裏付け、意味づける諸価値――は、具体の行政法的文脈におけるあらゆる侵害を枠づけ、適用される法の目的に照らしその権利に対する制約が比例的か否かを決めるのに役立」ち、ドレ分析は、「カナダ憲章第一条に基づく制約の合理性審査に用いられるオークス・テストの最終段階である最小性のテストおよび狭義の『比例性』のテストと軌を一にする。」また、「行政庁の活動する様々な制定法的・手続的文脈に即し、具体の事実関係の下で法に基づく決定を行う際に問題となっている価値と目的との衡量を日常的に行う行政庁の専門的判断に敬譲を示すものである。[27]」

「世俗国家は、宗教的多様性を尊重するものであって、消し去ろうとするものではない」が、宗教的多様性は、「平等や人権、民主主義といった共有された諸価値（shared values）」より優先されるものではない。[28]」

「大臣は、カナダ憲章の保障する信教の自由と他者への尊重と多様性に対する寛容の精神を促進するというERCプログラムの目的とにつき比例的衡量を行ったうえで決定を行うべきであった。[29]」

ところが、大臣の拒否決定には、信教の自由とERCプログラムの目的とを比例的に衡量した形跡はみられない。[30]

SL判決[31]のいうように、多文化社会では、中立的で穏当な仕方で世界的な宗教を教え学ぶことそれ自体が信教の自由に対する侵害となるとは考えられない。したがって、結論一部同意意見とは異なり、大臣がXに他の宗教の倫理を中立的で歴史的、現象論的な仕方で教えるよう求めても、カナダ憲章が保障する関係諸権利を比例的でない程度に侵害するとは思われない。[32]

大臣の拒否決定は、少しでも特定の宗教の色彩を帯びたプログラムはERCプログラムの目的を達成しえないという思い込みから比例的衡量に失敗しており、合理的とはいえない。したがって、大臣の拒否決定は破棄されるものとする。[33]

②結論一部同意意見

カナダ憲章の保障する信教の自由は、自然人のみならず宗教団体もまた享有する。[34]

まず、「大臣の拒否決定がXの信教の自由を侵害したか否かが問題となる。次に、純粋に世俗的な教育内容のみがERCプログラムと『同等』といえるとする大臣の拒否決定が、ERCプログラムの目的を達成するのに合理的な必要（reasonably necessary）を超えて信教の自由を制約したか否かが問題となる」。いわゆる「比例的衡量」の問題とは、この「合理的な必要」を超えたか否かにすぎない。[35]

本件をムルタニ判決の枠組みで審査すると、カトリック的視座からカトリックと倫理を教える宗教的義務があるとするXの信念がその組織の目的と運営に整合する以上、ERCプログラムからの離脱を拒否した大臣の決定——Xに対して中立的で世俗的な観点からすべての倫理的宗教的プログラムを教えるように要求する効果をもつ——は、カナダ憲章の保障する信教の自由を侵害するといえる[36]。

特定の宗教教義を植え付けることを主な目的とする純粋に宗教的な教育は、ERCプログラムの目的を達成しえない。しかし、様々な視座が紹介され尊重される調和のとれた教育課程は、特定の宗教の視座に立つものであっても、ERCプログラムと同等にその目的に資する。Xの提案は、この基準に沿う限り、拒否されるべきではなかった[37]。

大臣の「同等」の定義は、法令の枠組みの意図的な柔軟性を厳格な用語法を用いて放棄するものであり、必要な範囲を超え、Xの信教の自由を実質的に侵害する。すなわち、大臣の拒否決定は最小限の侵害ではない。したがって、カナダ憲章の保障する信教の自由の合理的制約としてカナダ憲章第一条により正当化されえない[38]。

また、Xの教師たちに倫理の問題について中立的な立場の維持を求めることは、実際上も困難であり、Xのカトリックの信仰を伝達するという目的を深刻に阻害する。教師たちは委縮して沈黙し、生徒たちとの間で十分な討論ができなくなる。したがって、大臣の拒否決定は破棄、Xの提案したプログラムによるERCプログラムの代替は認められるべきである[39]。

三　比較検討

(一)「合理的配慮」

カナダにおける「合理的配慮の法理」とは、宗教を理由とする間接差別を対象とした、典型的には特定個人に対する法的義務の免除といった措置をめぐる裁判所の審査手法であり、連邦法・州法の領域における私人間の労働事件から発展してきた。[40] ムルタニ判決多数意見は、その適用範囲を行政庁の決定に拡大、当該行政庁には「合理的配慮」義務が認められるため、オークス・テストにおける「最小性」のテストをクリアできないと結論した。この点、ムルタニ判決同意意見は、その「合理的配慮」においては当事者の個別事情が大きく作用すること等を理由に、オークス・テストの適用を否定した。ロヨラ判決結論一部同意意見では、ムルタニ判決が引用されているが、「合理的配慮の法理」の類比は用いられていない。これは、ムルタニ判決では個人の信教の自由が問題とされたのに対し、ロヨラ判決では集団の信教の自由が問題とされたという事案の相違によるものと考えられる。[41]

(二) 審査手法

ムルタニ判決多数意見はオークス・テストを用いたのに対し、ロヨラ判決多数意見は「ドレ比例分析」(*Doré* proportionality analysis) を用いた。すなわち、比例性の判断をその中核とし、問題となっている憲章上の保護に対する侵害が当該制定法の目的を達成するのに必要な範囲にとどまっていれば合理的とするものである。[42]

これら二つの多数意見の立場を矛盾なく理解しようと思えば、やはり事案の相違に注意する必要があろう。ムルタニ判決では生徒に一律に課せられた義務の特定個人に対する免除が問題とされたのに対し、ロヨラ判決では特定団体に対する法上規定された例外的措置としての免除が問題とされた。ロヨラ判決多数意見は、後者のような事案では、行政庁の裁量が強く認められると考えたように思われる。ただし、学校という場で信教の自由が問題となったという点では、両者は同じような事案ともいえる。実際、ロヨラ判決結論一部同意意見は、そうした見方に立ち、個人の信教の自由と集団の信教の自由との間に類比を認めて、ムルタニ判決多数意見に準じた審査を行った。

ところで、ムルタニ判決多数意見に対しては、それまでの先例に違反しているうえ、行政庁の裁量的判断に敬譲を示す余地を認めるべきであったとの批判があった(43)。ロヨラ判決多数意見は、その批判に対応するものともいえる。一方、同時に信教の自由の保障の強化という点では消極的という見方もでき(44)、ロヨラ判決結論一部同意意見が、注意深く「比例」という概念の使用を避けたのには理由があるように思われる。

おわりに

司法が比例的衡量を行うときに差し向けられる批判の一つに、司法の主観的判断に左右されかねないというものがある(45)。この点、ロヨラ判決多数意見では、憲法的価値の実現という観点から憲法上の権利により行政裁量は枠づけられると明示された。

一方、剣道実技拒否事件最高裁判決(46)は、日本国憲法二〇条一項前段に規定された信教の自由（あるいはそこに含まれる憲法的価値）に直接的に触れることはなく、学校という場で、憲法上の権利が行政裁量統制においてどう作用するのかは、未だ明らかでない(47)。

カナダが多文化社会であることは、右にみた判決文中でも、しばしば取り上げられる事実である。日本との差は大きい(48)。しかし、行政庁への敬譲を示すとき、少なくとも、憲法的価値に触れてはならない理由はないし、司法の比例的衡量が説得力をもつには、その判断において、憲法的価値の実現をみる必要があるとすれば、そこに日加間の差はないはずである。

※本研究はＪＳＰＳ科研費15K16918の助成を受けたものである。

（1）*R. v. Oaks*, [1986] 1 S.C.R. 103.

（2）カナダでは、具体的事件に付随する違憲審査が主である。もっとも、連邦および州のレベルで政府が裁判所に勧告的意見を求めることができる照会制度も採用されている。カナダの違憲審査制の特徴については、佐々木雅寿『現代における違憲審査権の性格』（有斐閣、一九九五）一四〜一二一頁。

（3）*Oaks, supra* note 1 at para. 69. この段階で既にある種の衡量が行われているという指摘につき、Bernhard Schlink, "Proportionality（1）", in *The Oxford Handbook of Comparative Constitutional Law*（Oxford: Oxford University Press, 2012）, Michel Rosenfeld and András Sajó, eds., 718, at p. 723.

（4）*Oaks, supra* note 1 at para. 70. もっとも同判決は、比例テストの本質は事案ごとに異なるともいう。

（5）「人権制限が問題であるように見えるにもかかわらず、明示的に憲法何条（違反）と挙げることなく、行政裁量の踰越・濫用の枠組みで事案を処理した一連の判例が存在します……こうした判例の傾向について、憲法学の共有された認識は存在しません。」宍戸常寿「裁量論と人権論」公法研究第七一号（二〇〇九）一〇〇頁。

（6）学校を「組織自律権が強調されやすい分野」と指摘するものとして、亘理格「行政裁量の法的統制」高木光＝宇賀克也編『行政法の争点』（有斐閣、二〇一四）一二〇頁。

（7）カナダの政治哲学者キムリッカによれば、信教の自由のような典型的な人権は、すべての個人に同内容が保障されることで、多数派のみならず少数派の集団生活をも保障する。ウィル・キムリッカ（岡﨑晴輝ほか監訳）『土着語の政治　ナショナリズム・多文化主義・シティズンシップ』（法政大学出版局、二〇一二）一〇三〜一〇六頁［栗田佳泰訳］。

（8）*Multani v. Commission scolaire Marguerite-Bourgeoys*, [2006] 1 S.C.R. 256. 同判決の評釈として、栗田佳泰「判批」富大経済論集第五八巻第二・三合併号（二〇一三）四四五頁以下。

（9）*Loyola High School v. Quebec (Attorney General)*, [2015] 1 S.C.R. 613. この判決の詳細については、他日を

期したい。
(10) *Multani, supra note* 8 at paras. 3–6.
(11) *Ibid.* at paras. 22–24.
(12) *Ibid.* at paras. 38–41.
(13) *Ibid.* at para. 48.
(14) *Ibid.* at para. 49.
(15) *Ibid.* at paras. 53, 57–58, 71, 76–77.
(16) *Ibid.* at para. 79.
(17) LeBel 裁判官の同意意見もあるが、紙幅の関係で本文での引用は割愛した。ただし、行政庁による適法な個別の決定が問題となる場合、オークス・テストにおける目的の重要性の審査が免除され、「最小性」のテストを用いるべきという同同意意見の指摘（*Ibid*, at para. 155.）は、後掲注24のドレ判決で参照されている。
(18) *Ibid.* at para. 85.
(19) *Ibid.* at paras. 86, 99.
(20) *Ibid.* at paras. 131–132.
(21) *Regulation respecting the application of the Act respecting private education*, CQLR, c. E-9. 1, r. 1.
(22) *Loyola, supra* 9 at para. 1.
(23) *Ibid.* at paras. 24–31.
(24) *Doré v. Barreau du Québec*, [2012] 1 S.C.R. 39. 弁護士が裁判官に宛てた私的な批判の手紙（暴言を含む）が「客観的かつ節度と尊厳をもった態度を維持しなければならない」とした弁護士倫理規定に違反するとして、ケベック州弁護士会懲戒委員会がその弁護士を懲戒したことに対し、表現の自由を侵害するとしてその弁護士が訴えた事件。カナダ最高裁は、行政庁の裁量行使が問題となる場合は、オークス・テストそのものではなく、その中の比例テストと軌を一にする行政裁量の合理性審査（review of an administrative decision for reasonableness）を行うべきとした。

（25）*Loyola, supra* 9 at para. 35.

（26）Aharon Barak, *Human Dignity: The Constitutional Value and the Constitutional Right*（Cambridge: Cambridge University Press, 2015), at p. 144.

（27）*Loyola*, supra 9 at paras. 36, 40, 42.

（28）*Ibid*, at paras. 43, 46.

（29）*Ibid*, at para. 56.

（30）*Ibid*, at para. 68.

（31）宗教的な意味における「国家の中立性」を採用した指導的判例。同判決では、ＥＲＣプログラムの合憲性が認められた。*S.L. v. Commission scolaire des Chênes*, [2012] 1 S.C.R. 235 at para. 32. 同判決の評釈として、栗田佳泰「判批」法政理論第四九巻第三・四号（二〇一七）二三六頁以下。

（32）*Loyola, supra* 9 at para. 71.

（33）*Ibid*, at paras. 79, 81.

（34）*Ibid*, at paras. 90-91.

（35）*Ibid*, at para. 114.

（36）*Ibid*, at paras. 134-143.

（37）*Ibid*, at para. 148.

（38）*Ibid*, at para. 151.

（39）*Ibid*, at paras. 156, 165.

（40）山本健人「カナダにおける信教の自由と合理的配慮の法理」法学政治学論究第一一〇号（二〇一六）二一〇〜二三三頁。なお、ウィルソン・コロニー判決（*Alberta v. Hutterian Brethren of Wilson Colony*, [2009] 2 S.C.R. 567.）では、「合理的配慮の法理」の援用が否定され、オークス・テストが用いられた。その理由は、ムルタニ判決同意意見が指摘していたように、「合理的配慮」においては当事者の個別事情が大きく作用し、一般的に適用される法による制約が正当化されるか否かは、当事者の個別的なニーズを満足したか否かで決まるものではないというものであった。*Ibid.* at paras. 68–71.

(41) *Loyola, supra* 9 at para. 61.

(42) この点につき、ムルタニ判決の LeBel 裁判官の同意意見（前掲注17）が参照されている。*Doré, supra* note 45 at paras. 55–58.

(43) David Mullan, "Administrative Tribunals and Judicial Review of *Charter* Issues After *Multani*" (2006), 21 N.J.C.L. 127, at p. 149. 同論文は、*Loyola, supra note* 9 at para. 42 が参照する文献の一つである。

(44) Kirk Andrews, "Loyola v Quebec, Part I-the Majority: Water in Loyola's Wine," *The Court*, March 23, 2015, accessed June 7, 2018, http://www.thecourt.ca/loyola-v-quebec-part-i-the-majority-water-in-loyolas-wine/ and "Loyola v Quebec, Part II: Freedom of Religion for Religious Organizations," *The Court*, April 2, 2015, accessed June 7, 2018, http://www.thecourt.ca/loyola-v-quebec-part-ii-freedom-of-religion-for-religious-organizations/.

(45) Shlink, *supra* note 3 at 724.

(46) 最判平成八・三・八民集五〇巻三号四六九頁。

(47) 行政裁量統制における憲法上の権利の作用について、いわゆる起立斉唱拒否事件最高裁判決（最判平成二三・五・三〇民集六五巻四号一七八〇頁）須藤正彦補足意見に光明を見出そうとするものとして、栗田佳泰「行政裁量統制における憲法上の権利と憲法的価値に関する序論的考察」法政理論第五〇巻第一号（二〇一八）二〇九頁以下。

(48) もっとも、今後、多文化の進行が予想される日本では、とりわけ信教の自由の明確化が喫緊の課題となろう。参照、栗田佳泰「多文化社会における憲法学の序論的考察――日本・アメリカ・カナダの信教の自由を素材に」法政理論第四八巻第四号（二〇一六）七二頁以下。

私企業における労働者の信教の自由
――フランスおよびＥＵにおける差別禁止原則の一側面

馬場里美
（立正大学）

はじめに

一九八〇年代から続くフランスのいわゆる「ムスリムのスカーフ」問題は、二〇〇四年の公立小・中学校における宗教標章着用禁止に関する法律、二〇一〇年の公共の場で顔面を覆うことを禁止する法律の制定の後も収束する気配はなく、むしろ、日常生活の様々な場面にその議論の場を拡大させている。(1)

そのような中で、いわゆるベビー・ル事件の裁判において、労働者の宗教的服装を禁止する就業規則の適法性について破毀院の中でも社会部と大法廷で判断が分かれ、社会的にも論争となったことを契機として、(2)二〇一六年の法律（Loi n°2016–1088 du 8 aout 2016）により、私企業の就業規則で労働者の信条の中立性を定めることを可能にする規定が、労働法典に新たに加えられた。ただ、同事件破棄院判決も言及するように、公権力の宗教的中立性を意味する「ライシテ」原則は私企業には適用されず、労働者には信教の自由が保障されることから、その規定は無条件に中立性条項を認めるものではなく、次のような条文となっている。「就業規則により、中立性原則を定め、被用者の信条の表明を制約することができる。ただし、当該制約は、他者の基本的権利及び自由の行使または企業活動のための必要性によって正当化され、かつ、その目的に比例していなければならない」（労働法典L一三二一‐一条）。

では、何をもって「必要」かつ「比例」しているといえるのか。企業における宗教的服装の規制については、フランス国内およびヨーロッパ人権裁判所では、いずれも、主に信教の自由に対する制約とする観点から議論されている。ただ、この問題は私人間の権利の調整となることから、比例性審査の際に、信教の自由に対して、企業側の利益（＝制約の正当な目的）をどの程度重視するのかという点が問題になる。この点についてはベビー・ル事件では子どもへの影響というそれ自体の重要性は自明である利益が対立する利益とされたことから、ほとんど議論されることはなかった。これに対して、人権裁判所におけるEweida判決[3]では、対立する利益は企業イメージの保持など経済的なものであったため、この点がまさに争点となり得た。しかし、同判決では、企業側が事件後に規制を緩める方向で内規を変更していることを理由に、当該企業にとって宗教的服装・装飾の禁止の重要性は低いとされたことから、この点についての判断は明らかではない。

これに対して、ＥＵにおける二〇〇〇年の雇用及び就労の分野における反差別に関する指令(Directive 2000/78/CE du Conseil du 27 novembre 2000. 以下、「指令」)が定める宗教に基づく差別禁止という観点からの議論において、この点が争点の一つとなり、ヨーロッパ司法裁判所（以下、「ＥＵ裁判所」）による初めての判断が示されたのが、以下で検討する二件の先決裁定である。

一　ＥＵ裁判所における「宗教に基づく差別の禁止」

（一）事実の概要

①Achbita 対 G4S Secure Solutions（以下、「①事件」）

セキュリティー関係や受付の分野の人材派遣会社であるＧ４Ｓ社は、従業員に対して業務の際に、宗教的、政治的、または哲学的信条を示すものを身に着けることを禁止していた。Achbita 氏は、同社に無期限の雇用契約にて入社時からイスラム教徒であったが、当初三年以上、当該規定に従い、労働時間外にのみスカーフを着用していた。しかし、二〇〇六年四月以降、Ｇ４Ｓ側の反対にもかかわらず、信仰を理由に労働時間中にもスカーフを着用し始めたため、同社は同年六月一二日に同氏を解雇した。同規定は、当初は不文の慣行的なものであったが、二〇〇六年六月一三日に就業規則として明文化された。

ベルギーの破棄院が、ＥＵ裁判所に対して先決裁定を求めたのは次の点である。「指令二条二項ａの解釈として、イスラム教徒としてスカーフを着用することを職場で禁止することは、雇用者の規定がすべての労働者に対して職場において政治的、哲学的、宗教的信条を外部に示すことを禁止する場合には、直接差別にならないと考えてよいか」（CJUE 14 mars 2017, G4S Secure Solutions, aff. C-157/15〔以下、①裁定〕、一〇-一二段落）。

②Bougnaoui 対 Micropole SA（以下、「②事件」）

Bougnaoui 氏は、コンサルティング業務を行う Micropole SA 社にプロジェクト責任者として二〇〇八年七月に採用されたが、顧客の要請を受けて出された、スカーフを着用せずに打ち合わせを行うという業務命令に背いたことを理由に二〇〇九年六月に解雇された。なお、入社前のインターンシップから常時着用していたスカーフについては、入社の際の面談において、顧客とかかわる業務につく限り、必ずしも常にスカーフの着用はできないことが確認されていた。

フランスの破毀院は、次の点についてＥＵ裁判所の先決裁定を求めた。「指令四条一項は、情報コンサルティング会社の顧客による、情報サービスの提供がイスラムのスカーフを着用していない従業員によって行われるという希望を、職務の性質または職務行使の条件の性質から重要かつ決定的な職業上の要請であると解釈すべきか」(CJUE 14 mars 2017, Bougnaoui et ADDH, aff. C-188/15〔以下、②裁定〕、一一-一九段落。)。

③争点の整理

以上のように、①事件と②事件では、特に、宗教的服装を規制する「一般的な内部規定の有無」という点で事案が異なるが、いずれにおいてもEU裁判所に求められたのは、私企業における労働者の宗教的な服装の規制との関係における、宗教に基づく差別禁止原則の解釈である。指令は、「雇用及び就労の場における、宗教または信条(世界観)、障害、年齢、性的指向に基づく差別の禁止」(一条)を定めるものであるが、そのうち、「ある者が、同じ状況にある他者に比べて、一条の定める理由に基づいて、不利に扱われること」を直接差別(二条一項a)、「一見中立な規定や行動が、特定の宗教または信条、障害、年齢、性的指向を持つ者に対して不利益を生じさせること」を間接差別(同項b)と規定する。そして、間接差別については、適用除外規定として、「当該規定または行動が、正当な目的により客観的に正当化され、当該目的を実現する手段として適切かつ必要である場合」(同項b一)等を定め、また、直接差別・間接差別ともに、「職業活動の性質上、またはその条件から、第一条が規定する理由に関係する特徴が、重要な職業上の要請であり、その目的が正当で、その必要性が比例している場合には、締約国は、当該特徴に基づく取り扱いの差異を設けることができる」とする(四条)。

このように、指令においては、直接・間接差別のいずれに該当するかによって、その正当化の内容が異なることから、労働者の宗教的服装の規制がいずれに該当するのか、いずれかの差別に該当する場合には、その正当性をどのように判断するのかが問われたのである。

二件はそれぞれ独立した事案として処理されているが、両者の裁定は同日に出され、内容についても相互に関連していることから、ここでは一体としてその概略を記す。

（二）裁判所の判断

ＥＵ裁判所は、まず、宗教的服装の規制が直接差別に該当するかについては、「内部規定により、政治的、哲学的、宗教的なあらゆる信条の表明が禁止されており、すべての労働者に一般的に中立な服装を求めている」場合には、服装の規制は直接差別には該当しないとした（②裁定三二段落）。ただし、その規制により特定の宗教をもつ者に対して不利益を生じさせるならば間接差別となる。

次に、正当化については、第一に、直接差別となる場合、規制が、指令四条一項の意味での「重要かつ決定的な職業上の要請（以下、「職業上の要請」）」に基づくことが必要とされる（同三四段落）。そして、ＥＵ裁判所は、その解釈は国内裁判所が行うものであるとしながらも、指令前文二三段落を援用し、宗教に関連する特徴が「職業上の要請」となるのは、きわめて限られた場合のみであるとする。すなわち、宗教に関連する特徴が、職業上の活動の性質またはその活動の条件である場合に限定され、また、それは当該職業活動の行為の性質または条件から客観的に導かれるものでなければならない（同三七－四〇段落）。こうして、ＥＵ裁判所は、顧客の個別の希望を考慮しようとする企業の意思などの、主観的な考慮は「職業上の要請」には該当しないとした（同四一段落）。

第二に、間接差別となる場合については、この差別が、指令に規定された要件（目的の正当性、目的達成のための手段としての妥当性と必要性）を満たすか否かが検討される（①裁定三五段落）。まず、目的の正当性については、企業の営業の自由から、顧客との関係で、政治的、哲学的、宗教的な中立性の政策を採用することは、正当な目的であるとしたうえで、そのための手段としての妥当性についても、そのような服装の規制は、すべての労働者に対して、また宗教だけでなく政治的、哲学的な思想についても一貫して適用される限り、中立性という政策のための妥当な手段であるとする（同三七－四〇段落）。これに対して、手段としての必要性については厳格に審査が必要、すなわち、当該自由に対する制約は、厳格な必要性の下にのみ限定されるとする。そのような観点から、第一に、顧客に対する中立性という政策に基づく場合には、中立な服装の義務は、顧客と接する労働者に限定されていることが必要であり、第二に、企業の内部事情を考慮し、また、企業に負担を負わせることなく、顧客と接しない業務への配置転換等、解雇以外の措置が可能でなかったかを検討すべきであるとした（同四二－四三段落）。

二　検　討

ある取り扱いを、直接・間接差別のどちらに認定するのかは、両者の正当化の困難さに大きな違いがあるために、結論との関係においてきわめて重要な争点となる。

この点で、裁判所が、「宗教だけでなく他の信条も含めて中立性を定める規定」の存在を理由に直接差別を否定したのは、そのような内容であれば「中立な規定」であるという理解が根拠になっている。しかしながら、先例をみると、何を直接差別とするかは広く解釈されており、妊娠による扱いの区別を性別による直接差別とした事例、結婚の有無による区別を性的指向に基づく直接差別に認定した事例(4)など、文面上中立な規定から生じる差別が常に間接差別と判断されているわけではない。

にもかかわらず、今回の二件の裁定がいずれもこの点に言及していない点が、次のような批判につながっている。(5) すなわち、間接差別はもともと、差別的意図がない、または見えにくい集団間の構造的な差別をあぶりだすものとして発展したものであるが、本件のような規定を間接差別ととらえると、間接差別概念が、権利の保障を弱める役割を果たすものとなる。(6) 本件のような中立性規定については、外から見える標章を身に着ける特定の宗教に必然的に不利益になることから、直接差別と考えるべきである。(7) さらに、同じ企業イメージの保持という目的に基づく規制であっても、個別規制であれば直接差別となり職務との関連性が否定され、内規によって一般的に禁止する場合には正当な目的の追求のための手段となる理由が明らかではないという批判もみられる。(8)

もっとも、裁判所の判断をみると、中立性規定に対して、一定のコントロールを及ぼそうとする意思もみられる。第一に、中立性が、特定の宗教だけでなく、他の政治的、哲学的信条に対しても本当に一貫して適用されているのかを、国内裁判所は確認すべきとする点である。その際、手続的には企業側がこれを立証しなければならないことから、この要件は、企業側に対する一定の歯止めとなり得る。第二に、中立性規定を適用するための厳格な必要性の存在を求めている点である。これにより、中立性の目的が企業イメージの保持である場合、中立性が適用可能なのは、顧客と接する従業員のみに限定されることになる。そして、そこから、第三に、企業側に対して一定の合理的配慮の義務が導かれている。合理的配慮義務については、指令において明文で規定されている障害に基づく差別の場合以外について、これを適用する初めての事例となった。

こうした判断の趣旨については、二件の裁定に先立ってそれぞれ異なる法務担当官から提出された意見を見ると、より明確になる。この事例では、両者がきわめて対照的な内容であった点も注目されていた。

三　二つの意見――個人の宗教と企業の利益の調整のあり方をめぐって

いずれの意見においても、直接差別と間接差別の関係、また宗教の自由への侵害と平等違反との関係については同じ理解に立っている。すなわち、間接差別の正当性についての審査は、ヨーロッパ人権裁判所による権利侵害の有無の審査と実質的には同じであるのに対して、直接差別となる場合には、それが正当化されるのは個別具体的な場合のみであり、一般的な規定は目的・比例審査を経るまでもなくそもそも禁止されることから、EU裁判所によって発展した保護の方が広いとする（①事件に対する法務担当官の意見[9]〔以下、①意見〕四〇段落、②事件に対する法務担当官の意見[10]〔以下、②意見〕九五段落）。

両者が対立するのは、本件のような服装規制を直接差別とするか間接差別とするかの解釈、および、その正当化（指令四条一項および二条一項b一）についての考え方である。

①意見では、宗教だけでなく政治的、哲学的信条の表明も禁止する内規による規制の場合は、宗教だけが不利に扱われているわけではないため宗教に対する直接差別にはならないとする。特定の宗教に不利益が生ずる場合は間接差別となるが、その正当化については、指令四条一項および同二条一項b一いずれにおいても、雇用者側の営業の自由（ヨーロッパ基本権憲章一六条）により、企業側の経営政策に基づいて服装規定を設定することができるとし、そのうえで、指令二条一項b一における必要性について、配置転換等の合理的配慮については、指令が「合理的配慮」を定めるのは障害についてのみであり、宗教については、勤務時間外に実践可能であることを理由に、否定する（①意見四六‐五六、八七‐八八、一一四‐一一六段落）。

このような判断は、信仰と信仰に基づく外部的行為の区別に基づいている。すなわち、「本件で禁止されたのは宗教そのものではなく、一部の宗教行為（外部的行為）である。外部的行為も重要ではあるが、性別、肌の色、民族的出自、性的指向、年齢、障害ほど、個人に密接不可分のものではなく、労働者が意図的に選択可能な私生活の一側面であるといえる」ため「一定の慎みを期待することができる」（①意見一一六段落）。このことが、直接差別が広く解釈されているいくつかの判例を、「個人と不可分な肉体的特徴または人格に不可分な特徴（性別、年齢、性的指向）について」のものとして本件とは区別する帰結に結びついている（同四五段落）。

これに対して②意見では、「宗教も、場合によっては、肌の色や性別と同じで、当該個人と切り離せるものではない」ことを前提に議論が進められている。

その結果、宗教的な服装の規制は直接差別に該当し、その正当化（指令四条一項）は厳格に解釈されるべきであるとされている。すなわわち、正当化が認められるのは、「きわめて限定された状況においてのみ」、すなわち、当該職業活動を行うために絶対に必要な要素に限定されるべきであるとする。その際、判例によると、直接差別は企業が被る経済的損失によっては正当化されず、企業の営業の自由も絶対的な特権ではない。そうすると、宗教に基づく差別が正当化され得るのは、基本的には、安全を理由とする場合のみといえ、顧客と接する場合に宗教的服装を禁止するという企業の規則は、スカーフが上の意味での職務の遂行をどのように妨げるのかが不明である以上、正当化できない（②意見一〇〇－一〇二段落）。

他方で、そもそも中立的な服装規制は想定し難いとしつつ（②意見一一〇段落）、仮に中立的な規制による場合には、宗教的服装の禁止は間接差別となるとして、その正当化（二条一項ｂ一）については次のように述べている。すなわち、この場合には、「正当な目的」に、企業イメージの保持、労働者間の調和を保つための措置等、企業の商業上の利益も含まれる。その上で、対立する権利の調和を図るのが、比例制の審査である。その際、当該個人にとって重要な宗教実践については企業の負担にならない程度の合理的配慮が必要であるが、その余地は企業の規模によって異なることから、比例性の有無の判断は、企業の大きさによっても異なる。また、当該宗教実践が当該労働者にとってきわめて重要なものである場合には、比例のバランスは労働者の自由を重視する方向に傾くと考えるべきである。この場合、顔全体を覆う場合は別として、ヘッドスカーフを禁止することにおよそ実益は認められないというべきである（②意見一一二－一三〇段落）。

こうしてみると、裁判所の判断は両意見の折衷的な内容であるといえる。すなわち、宗教以外の信条の表明も一律に禁止し中立性を求める社内規定は直接差別ではないとする一方で、間接差別となる場合の正当性の判断については、目的の正当性を広く認めつつ、必要性の審査を厳格に行うことで、明文規定にはない、企業の合理的配慮の義務を導き出しているのである。

結局のところ、裁判所は、社会的な論争となっているこの問題に対する解決方法として、この種の規制をすべて直接差別として原則禁止にするのではなく、宗教だけをターゲットとせずかつ客観的に明確な内規に基づく場合に企業に一定の中立性政策をとることを認めると同時に、国内裁判所に対して、その比例性について厳格に審査することを求めることで、一定のバランスをとろうとしたものであるといえるかもしれない。ただ、その結果、直接差別の認定の基準に関する従来の判例との関係が不明確になっており、この点、今後の判例の展開が待たれる。

おわりに

（一）フランス国内法に対する影響

ＥＵ裁判所の先決裁定を受けて、②事件についてフランスではすでに破毀院による判決が下されている。その結論は、ＥＵ裁判所の判断に沿い、①意見に類似の理由で解雇を適法とした控訴審判決を破毀するものであったが、注目すべきは、本件に直接関係のない中立性条項の適法性についての一般論が、次のように述べられている点である。「雇用者には、企業内で、すべての従業員の基本的自由及び権利を尊重させる役割があり、職場において政治的、哲学的、宗教的信条に関するあらゆる印をみえるように着用することを禁止する中立性条項を、そのような一般的な規定の適用が顧客と接する従業員に限定される限りにおいて、就業規則で定めることができる。それに従わない従業員に対しては、雇用者は、解雇ではなく、企業内の制約の範囲内で、追加の資金を必要とせずに、顧客と接することのないポストに配置転換が可能かどうかを検討すべきである(13)」。

この点につき、破毀院がＥＵ裁判所の判断をもとにして、アングロ・サクソン的な「合理的配慮」義務にも言及しながら、実質的には、二〇一六年の労働法改正により加えられた労働法典Ｌ一三二一－二条（前出）における「中立性」規定の適用の基準を示しつつ、加えて、根拠となる規定を就業規則に限定し、その際、中立性条項の正当化の要件として「顧客と関係する場合」に限定した点で、ＥＵ裁判所より狭い解釈を採用しているという指摘もある(14)。他方で、判決文中の「雇用者には、企業内で、すべての従業員の基本的自由及び権利を尊重させる役割があり」という表現に対して、同条に基づき就業規則に中立性条項を規定することの正当化の意図を指摘する見解もみられることから(15)、この判決の趣旨は必ずしも明らかであるとは言えない。しかし、いずれにせよ、ＥＵ裁判所の判断を受け、同条には厳格な必要性の要件が課されたといえる。

（二）日本への示唆

日本では、間接差別という考え方は、立法レベルでは男女平等の分野において、内容を限定して導入されているにとどまる。しかし、学説では、「直接的な害意を露わにする分類ルールは影をひそめるようになっており、現在、差別被害を引き起こすのは、主として、害意を隠して差別特徴以外の分類基準に依拠したルールか、あるいは、害意すらないままに一部の人々が有する構造的負担に乗じる形で誘導的に一定の効果を発生させる構造的枠組である[16]」という認識のもと、ＥＵ法における議論と同様、間接差別は「社会的多数派を標準に設計され運用されている制度が、その標準を共有しない者に対して生じさせる不利益を是正させる考え方[17]」であると理解されている。

他方で、本稿で検討した「企業の中立性規定」が、「害意を隠して差別特徴以外の分類基準に依拠したルール」であり、これを直接差別として原則違法とすべきだというのが、ＥＵ裁判所の判断に対する批判の主な趣旨である。

人的属性に基づくものではなく、その自由が認められているからこそ、それを理由に不利益を与えられてはならないことから差別禁止が導かれる宗教や信条に基づく差別の場合、差別は、基本的には、自由そのものの侵害と重なる部分が多い。しかし、本稿で検討したような、直接・間接差別の禁止という視点には、日本においても、宗教はもとより政治的・哲学的信条その他に基づく差別の問題に関して、「自由への侵害」とはまた異なった役割を果たし得る可能性があると思われる。

（1）具体的な状況については、拙稿「共生と人権――ライシテをめぐる政治と法の交錯」工藤達朗他編『憲法学の創造的展開――戸波江二先生古稀記念上巻』（信山社、二〇一七年）五五五頁および同論文注掲載の文献を参照。

（2）Cass. Soc., arrêt n°11-28.645 du 19 mars 2013, Bull. 2013, V, n°75; Cass. arrêt n°612 du 25 juin 2014 de l'Assemblée plénière. この裁判についての詳細は、中島宏「フランスにおけるBaby Loup事件についての予備的素描」山形大学法政論叢六〇・六一号（二〇一四年）一二九頁参照。

（3）Eweida et autres c. Royaume-Uni, CEDH, 15 janvier 2013, n°48420/10, 59842/10, 51671/10 et 36516/10. 航空会社における、外から見えるような宗教的な装飾（当該事件では十字架のネックレス等）の着用を地上職員に対して禁止する社内規定の適用が争われた事件。

（4）S. Laulom, Un affaiblissemnet de la protection européenne contre les discriminations, *Semaine sociale Lamy*, 27 mars 2017, n°1762, p. 8. その他、後掲①意見44段落も参照。

（5）S. Laulom, op.cit., note 4, p. 8.

（6）J. Mouly, La CJUE et le voile dans l'entreprise privée : le recul de la protection contre les discriminations, *Recueil Dalloz*, 2017, p. 951.

（7）S. Laulom, op.cit., note 4, p. 8-9; J. Mouly, op.cit., note 6, p. 950.

（8）S. Robin-Olivier, Neutraliser la religion dans l'entreprise?, *RTDEur*. 2017, p. 237.

（9）Conclusions de l'avocat général Mme Juliane Kokott présentées le 31 mai 2016.

（10）Conclusions de l'avocat général Mme Eleanor Sharpston présentées le 13 juillet 2016.

（11）J. Mouly, op.cit., note 6, p. 952.

（12）S. Laulom, op.cit., note 4, p. 10.

（13）Cass. Soc., arrêt n°13-19.855 du 22 nov. 2017, publié au bulletin. なお、EU指令等を受けたフランスにおける差別禁止法制については、鈴木尊紘「フランスにおける差別禁止法及び差別防止機構法制」外国の立法二四二号（二〇〇九年）四四頁参照。

（14）F. Pinatel, Note sur l'arrêt 22 nov.2017, *JCP social*, 12 décembre 2017, p. 5.

（15）P. Adam, Discrimination, liberté et religion, De Luxembourg à Paris: voyage aller-détour(s), *Semaine social Lamy*, 27 nov. 2017, p. 18.

（16）西原博史「社会的排除と差別」浅倉むつ子・西原博史編著『平等権と社会的排除』（成文堂、二〇一七年）三三頁。

（17）浅倉むつ子「包括的差別禁止立法の検討課題——雇用分野に限定して」浅倉・西原前掲書一四頁。

思想・良心の自由に基づく法義務免除

森　口　千　弘
（熊本学園大学）

はじめに

本稿では、宗教的信仰および世俗的信念に基づく法義務免除（以下、単に「免除」とする）について、アメリカの議論を中心に検討する。信仰や思想・良心を自らにとっての良き生き方の指針ととらえるとき、それらは極めて主観的・個人的なものとなる。例えば、ある人にとっては国を守るために武器をとることがアイデンティティを構成するかもしれない。しかし別の人にとっては、人を殺すための訓練で徴兵に取られたり、あるいは学校で武道の練習をしたりすることすら、自らのアイデンティティを否定するおぞましい行為となりうる。ほとんどの人にとって従うことに頓着ない法であっても、たった一人の信仰や思想の持ち主にとっては、自らのすべてを否定する許容しがたい規制となる。

多数派が作る法律が多数派の信仰や信念を害する可能性は少ない一方、少数派の信仰や信念は無視される蓋然性が高い。このような前提をもとに少数派の保護を考えるならば、免除という手段が有効となる。とはいえ、いかなる法も少数派の信仰や信念と衝突しうる以上、無条件に免除を認めることは困難であり、線引きが必要となる。しかしながら、この線引きの仕方によっては、不平等や、国家が特定の宗教を優遇するといった問題が生じる。

この問題を検討するため、本稿ではアメリカの免除の理論を検討する。アメリカでは免除の問題に関して、特定の信念を憲法上特別な保護に値する概念として選び出すこと（singling out）の妥当性が問われてきた。そのなかで、学説では、宗教を選び出すことの是非、選び出す場合その対象の定義をどうするのか、という問題が争点となっている。これらの議論を検討することにより、アメリカにおける免除の理論を明らかにしたい[1]。

本稿の構成は以下のとおりである。まず、アメリカの判例法理の中で免除がどのように取り扱われてきたのかを検討する。次に、学説において免除がどのように理解されているかを分析する。この際、なぜ免除が必要なのかという免除の正当化の問題と、免除が認められる対象に焦点を当てる。

一　アメリカの法義務免除の展開

まず、アメリカ合衆国での免除の展開を簡潔に見ていきたい。初期の宗教行為の自由条項にかかわる判例では、信仰それ自体は絶対的な保護を受けるものの、宗教行為に対する免除は否定されていた。ここには、思想・良心の自由は内心にとどまる限り絶対的に保護されるけれども、外部的行為は保護されない（または保護の密度が下がる）という日本の伝統的な憲法一九条解釈との親和性を見出すことができる。

もっとも、連邦最高裁は宗教行為の自由条項に基づいた免除の問題を意識していた[2]。これは、連邦最高裁の宗教的自由についての淵源ともいえる Reynolds 判決がモルモン教徒に例外的な複数婚を認めるべきか否かを争う事案であったこと、少数派宗教に学校での敬礼強制からの免除を認めるべきとした、Gobitis判決における Stone 判事の著名な反対意見の存在などから明らかである。けれども、これらの判決では、連邦最高裁の多数意見は宗教行為の自由条項に基づく免除を正面から否定した。

連邦最高裁の立場が明示的に変更されたのは、一九六三年の Sherbert 判決である。先立つ一九六一年の Braunfeld 判決で憲法上の権利としての免除の可能性に言及した連邦最高裁は、Sherbert 判決で免除を憲法上の権利として明示的に認めた。ここに、一般的・中立的な法による信仰への付随的な負担についても、厳格な審査をクリアしない限り違憲となるという Sherbert テストが確立する。連邦最高裁は Sherbert テストのもとの免除について、宗教に対して特別に認められる権利と説明してきた。いうまでもなく、一般的・中立的な法にはすべての人が従わなければならない。にもかかわらず、宗教的な理由で法義務を履行できない人についてのみ免除が認められるのであれば、それは宗教への一種の優遇、特権ということができるだろう。

Sherbert テストには多くの批判があるものの、一九九〇年の Smith 判決によりこのテストが事実上否定された際には、宗教的自由への免除を擁護する多くの声があがった。連邦最高裁が憲法上の権利としての免除を放棄した以上、これを擁護するためには、宗教への免除が不公正な特権ではなく、かつ、誰かれなく気にくわない法義務からの免除を要求するような「無政府状態を誘引すること」を避けながら、「免除の理論」を形成する必要がある。Smith 判決以降の学説は、このような条件を踏まえながら、どのような免除の理論が妥当かを問うものとなった。

二　法義務免除は不公正な特権か？

そこで、Smith 判決以降の免除をめぐる学説の展開を検討する。その際、価値論的アプローチ、平等アプローチ、拡張的アプローチと、学説を便宜的に三つに区分し、これらをａ 宗教の特別な価値の有無、ｂ 宗教的価値と世俗的価値の平等、ｃ 免除は正当化可能か否か、という三つの観点によって分析する。

（一）価値論的アプローチ

Smith 判決を批判し Sherbert 判決を擁護した論者として、Laycock と McConnell を挙げることができる。彼らの理論の特徴は以下のようにまとめられる。

ａ 宗教的な義務には、世俗的な義務にはない高い価値がある。

ｂ したがって、宗教的義務と世俗的義務を平等に扱う必要はない。

ｃ 多数派宗教と少数派宗教の平等の実現のために、免除は正当化される。

価値論的アプローチは、宗教が高次の価値を持つことを承認し、それ故に世俗的な価値観には認められない特権の付与を認める。(10)（神に対する義務はその他の人間的義務よりも高い価値を持つがゆえに優遇される、など）。一方、それが宗教的な義務であるならば、多数派宗教と少数派宗教で扱いが異なってはならない。(11) 民主主義の社会では政治プロセスの中で多数派宗教への配慮がなされるが、少数派宗教への配慮には欠けるきらいがある。このため、多数派宗教と少数派宗教の格差を是正するために免除が正当化される。

したがって、このアプローチから導き出される保護の対象は、超自然的な神への義務を含むような宗教、すなわち、伝統的宗教やそれに類する宗教ということになる。一方、それがいかに真摯なものであっても、世俗的な良心などは保護の対象に含まれない。

価値論的アプローチは、免除を否定したSmith判決を批判し、伝統的なSherbertテストを擁護する立場とみなすことができる。このような立場については、超自然的な存在に由来する価値を憲法上保護し、あまつさえ特権を付与すれば、国教条項に抵触し、また不平等の問題を生むのではないかとの批判がある。

(二) 平等アプローチ

Smith判決以降、Sherbert判決や価値論的アプローチを不平等として批判するアプローチ（平等アプローチ）をとる論者が存在感を増した。彼らは、従来のアプローチを宗教に不相応な特権を与えるものとして批判し、宗教は世俗的な価値観と比べて特別な価値をもたないと主張した。もっとも、平等アプローチの免除への対応は一枚岩ではない。ここでは代表的な2つの立場に絞って検討したい。

①信仰体系の平等論

Marshallは、価値論的アプローチやSherbertテストを批判し、免除という枠組みそのものが不平等を内包すると主張する。彼はSherbertテストを否定し、宗教条項は宗教的、世俗的を含むすべての信仰（信念）体系を平等に取り扱うことを企図していると指摘する。彼の主張をまとめると次のようになる[12]。

a　宗教に高次の価値はない。
b　したがって、宗教的価値と世俗的価値は平等に取り扱わなければならない。
c　免除はそれ自体不公正であり、また免除の対象を定義する際に不公正が生じることが不可避なため、免除は正当化できない。

Marshallによれば、現代国家において宗教を高次の価値を持つものとみなすことは、国教条項や平等条項に抵触する。宗教的価値は世俗的価値と等価であり、世俗的価値が受ける以上に憲法上の保護を受けることはない。したがって、宗教に対して特別に免除を設ける必要はない。それどころか、特定の対象を国家が選び出し特権を与える免除は、選び出す対象同定の困難さ、免除の対象とならない価値との不公正さから、憲法上の権利として想定すべきではない。彼の理論は、免除そのものをなくすことにより、宗教的価値と世俗的価値の平等を実現しようとするものである。

②平等な自由論

EisgruberとSagerは、信仰体系の平等論と同様に、宗教的価値と世俗的価値の平等を主張する。にもかかわらず、免除を容認するところに彼らの議論の特徴がある。彼らの主張をまとめると次のようになる。

a　宗教に高次の価値はない。
b　したがって、宗教的価値と世俗的価値は平等に取り扱わなければならない。
c　免除は、宗教、世俗を問わず、すべての傷つきやすい（vulnerable）信念への平等な尊重の実現のために正当化できる。

彼らの主張する平等な自由論は、自らの信仰や超自然的な拠り所を理由に市民としての価値を減ぜられるべきではない（第一原理）、宗教に特別な利益を与えたり、特別な不利益を課したりしてはならない（第二原理）、宗教は、表現の自由や結社の自由などの一般的自由を当然に有する（第三原理）、という三つの原理からなる。第一、第二原理は反差別・中立性の原理、第三原理は一般的自由の原理である。[13]

平等な自由論は、宗教的価値が世俗的価値よりも優越することを否定し、両者の平等を企図する点でMarshall の信仰体系の平等論と同様の立場といえる。平等な自由論を信仰体系の平等論と分かつのは、多数派が構成する社会に対して傷つきやすさ（vulnerability）を内包する少数派の信仰を保護するため、免除を憲法上の権利として認める点である。Eisgruber と Sager によれば、このような特別な取り扱いの目的は、差別的な特権付与ではなく等価化にすぎない。[14] 平等な自由論は、一方で免除を（主に少数派の）宗教に対する平等を実現するための配慮ととらえる。他方で宗教的価値と世俗的価値の平等をめざし、宗教的価値が受けうる利益は世俗的価値にも認められなければならないと考える。したがって免除は傷つきやすさをもつ信念であれば、その宗教性を問わずに認められる。

平等な自由論は、超自然的価値や神への信仰を特権として保護するという、現代社会においては許容しがたい価値論的アプローチを否定する。同時に、傷つきやすさへの保護を想定し、平等アプローチをとりながらも免除が正当化可能であることを指摘する理論と考えることができる。

（三）平等アプローチの限界と拡張的アプローチ

Sherbert テストやそれを擁護する価値論的アプローチが孕む問題に対して、「宗教に特別な価値を見出さない」ことで平等に定位しながら宗教条項を解釈するアプローチは一定の説得力をもつ。特に、一方で少数派と多数派の平等の観点から免除を容認し、他方で免除の対象を世俗的良心にまで拡大した平等な自由論は、この問題をめぐり今なお学界で重要な位置を占める。

しかし、平等な自由論に対しては価値論的アプローチをとる論者からの鋭い批判がある。特に重要なものとして、平等な自由論はその標榜する平等を実現できておらず、結局は特定のコミットメントに価値を認め免除の特権を与えるという、平等な自由論が否定した Sherbert テストの理論の延長に過ぎない、という批判が挙げられる(15)。

これに対して、Eisgruber と Sager 自身は、宗教的自由を保護する意味について、宗教それ自体の保護が目的なのではなく、人の宗教的背景や宗教的多様性をもつ社会に対して政府が行う不当な行為からアメリカ国民を保護することが目的であると反論する(16)。そうである以上、宗教行為の自由条項の解釈として、保護の対象たる宗教を定義しようという試みは無意味である。したがって、宗教の定義について議論することは、神学論争ならいざ知らず、憲法法理にとって意味をなさない(17)。しかし、保護の対象の問題についての彼らの反論は、やや精彩を欠くものといえる(18)。結局、平等な自由論も「深いコミットメント」を特権の対象として選び出しているためである。Marshall のように免除を否定するなら別として、少数派保護のために免除の必要性を主張するのなら、平等アプローチには限界があるとみるべきであろう。

平等な自由論に置き換わりうる有力な見解として、Koppelman の拡張的アプローチを挙げることができる。拡張的アプローチは、宗教に価値を見出すという点では価値論的アプローチと同様である。もっとも、興味深いことに、彼のアプローチの起点は、価値論的アプローチへの批判にある。Koppelman と価値論的アプローチを分かつのは、彼が「注意深くあいまいなやり方」で宗教の価値を見出す点である。拡張的アプローチは次のようにまとめることができる。

a　伝統的な宗教ではなく、世俗的な良心も含むような「拡張された宗教」には高い価値がある。

b　宗教的価値と世俗的価値は平等であるが、拡張された宗教とそれ以外は平等に取り扱う必要はない。

c　拡張された宗教の価値を理由として免除は正当化される。

Koppelman の理論の特徴は、宗教を伝統的・経験的な概念としてではなく、包括的な概念として理解する点にある。ある論者が Koppelman が宗教を法的プロキシーとして理解していると評するように、[19] Koppelman は「宗教」という概念が他の法的概念ではとらえきれない幅をもち、多様な信念を代理できる点を重視する。このような「宗教」は、厳密な定義によってその枠が確定されるのではなく、既存の宗教や世俗的信念とのアナロジーにより決せられる。この「宗教」の中には、伝統的な信仰と同様の機能を果たす世俗的信念なども含まれる。[20]

Koppelman のアプローチは、McConnell のように有神論的な宗教の価値を強調する従来の価値論的アプローチとは異なる。むしろ、「宗教」という概念が、世俗的なものも含む多様な信仰や信念を包含できる便利な概念であると考え、宗教概念を拡張していくことによって、価値論的アプローチが孕んでいた不平等の問題を解消しようと試みるのである。

Koppelman はあくまで便宜的に「宗教」という概念を用いるに過ぎない。それゆえに、「宗教」以上に包括的で多様な信仰や信念を包含できる概念があればそちらを採ることにやぶさかではない。[21] もっとも、Koppelman は「良心」などの他の概念をも検討するものの、宗教に比べて過小包摂、過大包摂であるとして最終的に「宗教」概念が最も適切であると結論付ける。拡張的アプローチは、「宗教」という言葉がもつ機能に価値を見出す立場と言い換えることができるだろう。

（四）拡張的アプローチの意義

誤解を恐れずに言えば、拡張的アプローチは、価値論的アプローチと平等な自由論の折衷説とみなすことができる。Koppelman 自らが認めるように、彼の理論の帰結は、Eisgruber と Sager の平等な自由論と大きく異ならない。[22] しかしながら、彼は平等な自由論が結局のところ特定の価値観（深いコミットメント）を特権の対象として選び出しており、平等の名に値しないと批判する。一方で、価値論的アプローチのように、神への義務のような超自然的な根拠に基づく特権論は、中立性、平等の両面から看過しがたい。国教条項、平等条項の観点から免除を正当化するためには、「宗教」を拡張し、より包括的な概念として措定したうえで、保護の対象として選び出す必要がある。この結果、保護の対象となるべきは、平等な自由論のいうところの深いコミットメントと近い、「拡張された宗教」ということになるのである。

もちろん、このような見解に対しては、「宗教」を免除の対象として過不足ない概念としてみなすことは困難であるとの批判がある。[23] これについて、Koppelman 自身は、「宗教」という概念が過小包摂、過大包摂の問題を完全に解決するわけではないことを認めている。けれども、彼自身の言葉によれば、ここで生じる過小包摂、過大包摂の問題は、運転免許の試験の際に生じるものと同種であり、許容できる。すなわち、免許の試験は「安全な運転者」を求めるが、これは探知しうるものではない。したがって、本来の能力的には運転が認められるべき「安全な運転者」をもふるい落とす可能性がある「免許試験の合格者」という概念を代わりに用いる。「免許試験の合格者」は過小包摂、過大包摂となるが、他に適切な方法がなければこのやり方をとることは不公正ではない。これと同様に、免除の対象となる「宗教」が過小包摂、過大包摂であったとしても、この概念を用いることを正当化することはできるというのである。(24)

いうまでもなく、憲法上の保護の対象となる「宗教」と「安全な運転者」を同一視できるか否かには疑問が残る。この点、Koppelman の拡張的アプローチも保護の対象の同定について不十分な点を残していると評さざるを得ない。

このような問題はあるものの、拡張的アプローチは、超自然的な価値に特権を付与してしまう価値論的アプローチの問題と、平等を標榜しつつ特定のコミットメントを特権化してしまうという平等アプローチの問題の双方を解決する。保護の対象の問題についてはあいまいさを残すものの、憲法上の権利としての免除を正当化する論理として、拡張的アプローチは一定の成功を収めたものと評価できるだろう。

おわりに

法義務免除は、一般的・中立的な法義務からの例外的な免除を認めるものであり、一見すると不公正な特権に見える。しかし、社会の多数派が当然に享受している法義務と自己の信念との一致（少なくとも重大な齟齬のない状態）を少数派は享受できない状態を不公正であると考えれば、免除は少数派を救い出すための有効な権利として機能する。

社会の中で少数派の地位に甘んじる信仰や思想はアメリカのみならず、日本にも存在する。とすれば、日本において信仰・思想と法義務の衝突が生じた際に、憲法十九条、二十条の解釈として、免除が正当化できるように思われる。

（1）本稿のテーマについては、拙稿「宗教条項の再定位：アメリカにおける世俗的良心の保護理論」早稲田法学会誌六十五号二巻三五九頁（二〇一五）、同「良心・信仰への間接的な制約と保護」浅倉むつ子・西原博史編『平等権と社会的排除』（成文堂、二〇一七）一五七頁も参照のこと。
（2）Reynolds v. United States. 98 U.S. 145（1878）.
（3）Minersville School District v. Gobitis 310 U.S. 586（1940）.
（4）Sherbert v. Verner, 374 U.S. 398（1963）
（5）Braunfeld v. Brown, 366 U.S. 599（1961）.
（6）アメリカの宗教的自由と審査基準については安西文雄「信教の自由——アメリカにおける展開と我が国への示唆」山本龍彦・大林圭吾編『違憲審査基準——アメリカ憲法判例の現在』（弘文堂、2018）を参照。
（7）Gunther の有名な一説をもじって「理論上は厳格だが実際上は脆弱」と評されるように、厳格な審査としてはあまりにも基準が緩やかであると批判された。
（8）Employment Division v. Smith, 494 U.S. 872（1990）. Smith 判決では一般的中立的な法と信仰の衝突に際しては法が優先されるとされ、法義務免除は否定された。Smith テストの下では宗教行為の自由条項は、宗教抑圧的な法からの自由に限定されている。See, e.g. Church of the Lukumi Babalu Aye, Inc. v. Hialeah, 508 U.S. 520（1993）.
（9）Employment Division v. Smith, at 888.

（10）Douglas Laycock, The Remnants of Free Exercise, 1990 Sup. Ct. Rev. 1 (1990), at 16. See, e.g., Michael W. McConnell, The Problem Singling Out Religion, 50 DePaul L. Rev. 1, at 30 (2000), at 30-31.

（11）Michael W. McConnell, Free Exercise Revisionism and the Smith Decision, 57 U.Chi. L. Rev. 1109 (1990), at 1130.

（12）See, William P. Marshall, In Defense of Smith and Free Execise Revisionism, 58 U. Chi L. Rev. 308 (1991).

（13）Christopher L. Eisgruber & Lawrence G. Sager, Religious Freedom and the Constitution, (Harvard University Press, 2007), at 52-53.

（14）Id, at 59.

（15）McConnell, supra note 10, at 36-37. See, e.g., Ira C. Lupu, & Robert W. Tuttle, Secular Government, Religious People, (Emory University Studies in Law and Religion, 2014), at 209.

（16）Christopher L. Eisgruber & Lawrence G. Sager, Does It Matter What Religion Is?, 84 Notre Dame L. Rev. 807, (2009), at 811.

（17）Id, at 834.

（18）紙幅の関係で本稿では詳述しないが、Eisgruber と Sager はいくつかの例を挙げて、免除が認められるべき事例とそうでない事例を検討している。これに対する批判も多い。

（19）Micah Schwartzman, Religion as a Legal Proxy, 51 San Diego L. Rev. 1085 (2014), at 1088.

（20）Andrew Koppelman, Defending American Religious Neutrality, Harvard University Press (2013), at 142-144.

（21）Andrew Koppelman, Religion's Specialized Specialness, 79 U. Chi, L. Rev. Dialog 71, at 77.

（22）Andrew Koppelman, is it fair to give religion special treatment?, 2006 U. Ill. L. Rev. 571 (2006), at 576.

（23）Schwartzman, supra note 19, at 1097-1103.

（24）Koppelman, supra note 21, at 77-78.

第四部　立憲主義の現代的課題

公的機関の公益通報者保護の憲法的意義
――アメリカの公益通報者保護制度を素材として――

牧本公明
（松山大学）

はじめに

公的機関やその契約業者の被用者による政府保有情報の漏洩事件は、古くはアメリカにおけるペンタゴン文書事件やわが国における外務省秘密電文事件が、近年ではウィキ・リークス事件やsengoku36事件などの名を挙げることができる。情報技術の発達や情報の電子化に伴い漏洩の規模や頻度も大きくなることが予想される。しかし一言に政府保有情報といっても、その中には国民が知るべき情報も含まれており、一概に全ての漏洩行為が違法とも言いきれない。政府にとって不都合な情報は、国民の目の届かない所に隠されていることが多い。本論稿は、そのような情報を公にする行為の法的保護の憲法的意義についてアメリカの公益通報者保護制度を素材に若干の考察を試みるものである。

一　アメリカの公的機関の公益通報者保護法制の基本構造

（一）公的機関被用者の「表現」と公益通報

公的機関被用者の公益通報保護について連邦最高裁による言及が見られる近年の判決としてガルセッティ判決(1)がある。本判決は、検察官の上司への職務権限に基づく意見具申を理由とした転任・降格の合憲性が判断されたもので、ケネディ判事による法廷意見は、本件意見具申は公務員の職務上の義務の履行として行われたもので、そのような表現は「公務員の表現」として修正第一条の保護は及ばないとし、公務員の政府内の不正を告発する表現は、公益通報者保護法制により保護されるべきであるとした(2)。これに対してスーター判事による反対意見(3)は、公務員が、不正そして市民の健康や安全に対する脅威について表現する利益は、効率的な政策実行に対する政府の利益を上回るとして、職務上の義務の履行としての表現についても修正第一条による保護を受けるとした。その上で、法廷意見のいう公益通報者保護法制については、「公益通報者保護の程度が公務員の種類により異なる(4)」ため保護が不十分であると批判する。

（二）公的機関の公益通報者保護法制

連邦最高裁は、公務員については、その表現を「公務員としての表現」と「一市民としての表現」に区別した上で、前者には公益通報者保護法制による保護のみ認めるとしている。そこで以下においては、公的機関被用者に対する公益通報者保護法制について概観する。

①連邦機関被用者の保護制度

連邦機関被用者については、公益通報者への報復の調査・是正を担当するMerit Systems Protection

Board（メリットシステム保護委員会）及びSpecial Counsel（特別顧問室）を設置する等、公益通報者保護制度を始めて構築したThe Civil Service Reform Act of 1978（公務サービス改革法）[5]が制定され、さらに保護の強化を目的とするWhistleblower Protection Act of 1989（公益通報者保護法、以下WPA）[6]が続いて制定された。保護の強化の内容としては、第一に特別顧問室がメリットシステム保護委員会から分離独立し、公益通報者を報復から守り、支援する機関となった。第二に公益通報者の立証責任を軽減した。[7]第三に特別顧問室から救済を得られない場合にメリットシステム保護委員会へ直接不服申立てを行う権利が認められた。

アメリカでは、以上のように連邦機関被用者を対象とする公益通報者保護制度が整備されてきたが、それらが描き出す制度の全体像は概要以下の通りである。

制度の目的は、連邦職員の権利保護及び政府内の不正の除去とされ、保護される通報者は、行政部局被用者、元被用者及び該当職の応募者とされる。他方で保護除外対象者は、「機密、政策決定、政策形成、又は、政策擁護に係る性格」を有する職にある者[8]、大統領が行政上の必要から指定した職にある者、郵便職員、会計検査院及び一定のIntelligence Community（以下ＩＣ）に属する機関の被用者が挙げられ、さらに対象が「Competitive Positions（競争試験による採用職）」に限られるため、政治任命職も除外されている。また保護される通報事実は、全ての法律・規則の違反、行政上の重大にして著しく誤った管理、重大な資金の浪費、権限濫用、国民の健康・安全に対する実質的かつ具体的な危険に関する事実とされ、保護される通報先は、法律上「誰に対する」通報かの限定はなく、機関の内外も問われない。情報の確度も、主観的に「合理的に信ずるに足りる（Reasonable belief）」情報でよいとされる。救済手続は、特別顧問室により二四〇日以内に調査が行われ、その結果をもとにメリットシステム保護委員会、当該機関、人事局、大統領へ是正命令が出される。またメリットシステム保護委員会への直接の訴えに基づく聴聞及び裁決によっても救済がありうる。救済内容は、現職復帰、遡及賃金、損害賠償、弁護士費用の補償、不利益処分を行った者への懲戒処分などである。[9]

②州機関等の被用者

WPAは、連邦機関被用者を対象としており、州機関等の被用者は保護しない。州レベルでも公益通報者保護制度の整備が進んでいるが、現在のところ全ての州に備わってはいない。[10]

三 IC被用者の公益通報者保護法制

(一) WPAの除外対象

IC被用者については、他の機関の被用者と比べて国家秘密情報を扱うことが多い。そのため国家秘密保護との関係で他の機関の被用者とは異なる対応がとられている。[11]

その代表例が、前述のWPAの除外対象であるという点である。WPAは、「ICに属する一定の機関[12]」を除外対象としており、加えて主要な職務が防諜活動や諸外国の情報管理である部局も大統領の決定により除外できるとされる。

(二) IC被用者の公益通報者保護制度の「整備」

前記適用除外の問題の解消のため、IC被用者の公益通報者保護制度の「整備」が進められている。

①Intelligence Community Whistleblower Protection Act of 1998（以下ICWPA）[13]

IC被用者及び契約業者が公益通報を行う「手続」を規定しているのがICWPAの特徴である。手続の具体的内容は、以下の通りである。公益通報を行おうとする者は、まず各機関またはICの監察総監へ公益通報を行う。公益通報を受理した監察総監は、情報の信頼性を評価し、受理から一四日以内に査定の通知を情報とともに各機関の長に送付する。それを受けて各機関の長は、通知の受領から七日以内に議会の情報委員会に送付する。この手続における監察総監や各機関の長の処理に不満がある場合には、議会の情報委員会に直接通報することができる。

以上の手続で、公益通報が可能とされる一方で、保護対象事実は「緊急の懸念」(14)に限定され、「報復」の禁止の明示もないため、「報復」に対する救済手続も存在しない。またこの手続における監察総監や各機関の長の処理は司法審査の対象外とされ、公益通報者保護の観点からは十分な制度とは言い難い。

② Presidential Policy Directive 19（大統領政策指令第一九号、以下 PPD-19）

PPD-19は、オバマ大統領の二〇一二年一〇月一〇日発の大統領政策指令であり、特定の通報先(15)への公的通報への報復的人事や機密へのアクセスや保持の権限（security clearance）の剥奪のような「報復」の禁止を明示し、ICWPAに欠けていた公益通報者への救済手続について以下のように定めている。

まず各IC機関の監察総監が報復の訴えに対する内部調査（二七〇日以内）を行い、報復が認められれば各機関の長に是正勧告を出す。それを受けて各機関の長による調査及び是正勧告への「慎重な考慮（carefully consider）」と是正措置実施の是非の判断が行われる。もし機関内部の手続による救済が認められなければ、国家情報長官への直接の訴えが可能である。訴えを受けて国家情報長官は、外部審査委員会(16)を招集し、各機関の長の勧告に対する判断について調査及び審査が行われ、各機関の長へ勧告を行う。その上で、各機関には勧告への対応について、国家情報長官及び外部審査委員会への報告（九〇日以内）が義務付けられている。

③ Title VI of the Intelligence Authorization Act for FY2014[17]

二〇一四会計年度情報活動授権法の一部（Title VI）として制定され、禁止される報復を「機密へのアクセスや保持権限の剝奪」と「不当な人事」に区別する。前者については強制的な保護の手続[18]が用意されているのに対して、後者については禁止を明示するものの、具体的手続の構築は大統領に委ねられている。[19]また保護対象は、特定の通報先[20]への通報とされ、国家安全保障上の理由による解雇は適用除外とされ、また「機密、政策決定・立案」に携わる者や軍務従事者も適用が除外される。

（三）小　括

前記の三つのＩＣ被用者の公益通報者保護制度の要点としては、第一に政府機関の「窓口」を通じた内部通報への報復を禁止するものであり、報道機関への外部通報は情報漏洩（leak）として保護しない。第二に各監察総監や各機関の長の判断が司法審査の対象外である点やPPD-19による是正勧告に強制力が無い点など、その効果に疑問符がつく。第三に内部通報は個々の職員の不正を通報する場合には政府の透明性を促進するかもしれないが、政府機関自身の不正の場合には効果がない。第四には、これらの制度による保護は「不当な人事」等の報復に対するものであり、防諜法違反等を理由とした刑事訴追には及ばない。[21]それでは、ＩＣ被用者の外部通報には保護に値する憲法的意義は全く存在しないのだろうか。

四　公的機関の公益通報者保護の憲法的意義の検討

（一）公的機関における情報漏洩と防諜法

①ペンタゴン文書事件判決[22]

公的機関被用者の情報漏洩と防諜法が問題となった事件としては、ペンタゴン文書事件が有名である。本件は、報道機関による国家秘密の公表の「事前抑制」と修正第一条が問題となった事件であり、防諜法との関係では、防諜法七九三条（e）[23]の「通報」等と「公表」は明らかに異なる概念であり、明示的に「公表」を禁じていない同条により新聞記事の掲載の事前差止めは許されないとした。

②エルズバーグ事件

前述のペンタゴン文書を報道機関や上院議員に渡したとされる国防総省の契約被用者ダニエル・エルズバーグが、防諜法七九三条（d）[24]及び（e）違反に問われた事件である。事件の経過としては、ロサンゼルス連邦地裁は、FBIの捜査に重大な違法行為[25]があったとして公判請求を却下した。

③情報漏洩と公表の相違による保護の格差

ペンタゴン文書事件判決は、情報漏洩により入手した国家秘密の「公表」については、修正第一条による保護を認めつつも、情報漏洩者を訴追する政府の権限については問題とされていないことも強調した[26]。他方でエルズバーグ事件では、FBIの違法捜査により公判に至らなかったが、結果的に公的機関の被用者の「情報漏洩」に対する修正第一条による保護については不明なままとなり、情報漏洩者は依然として防諜法違反による訴追の脅威にさらされている[27]。

④情報漏洩と修正第一条

前記の修正第一条の保護の格差[28]を解消しようとする議論として、公的機関被用者の情報漏洩を修正第一条上の「権利」と捉える見解がある[29]。国民が知るべき情報の過剰・不当な機密指定は機関内部の者のみが察知可能であり、そのような情報の漏洩の中には、民主的な自己統治に不可欠な価値を持つものが含まれている。過剰な秘密指定及び漏洩に対する罰則、政府の情報漏洩者を訴追する権限の独占状態の下で、そのような情報の漏洩を修正第一条の保護の外に置くのは妥当ではないとするものである。

以上のような状況を前提として公的機関被用者の情報漏洩を「公益通報」として、修正第一条の保護の下に置く意義について若干の検討を加える。

(一) 国民の「知る権利」と「多様な情報の流通」

表現の自由には、「表現する自由」(主観的側面)と「多様な情報の流通」(客観的側面)の二面性があり、主観的側面を満たせば客観的側面も満たされるというのが、「自由権」としての表現の自由の通常の捉え方であろう。しかし、表現の自由における自己統治の価値の実現のためには、政府保有情報に対する主権者国民の「知る権利」の実質化が求められる。その点、「表現する自由」をいくら保障しても、表現する意思のない者のみが持つ情報は社会に流通しない。そこで、そのような情報の流通を実現するには「多様な情報の流通」という客観的側面の積極的な保障が必要となる。

現在国民の政府保有情報へのアクセス手段は、主に情報公開制度が担っている。これは特定の情報の存在が認知されている場合には有効な手段といえる。しかし特定の情報の存在が不明の場合には、その情報の「不存在」を理由に非開示とされる恐れがあり、現行の制度では限界がある。その限界を補完する役割を公的機関被用者の外部通報が担うのである。(30)

(二) 表現の自由と「多様な情報の流通」という社会的利益

以上のような公的機関被用者の公益通報を表現の自由の客観的側面を実現する手段として捉える見解は、以下に示すような表現の自由理解とも親和すると考えられる。

例えばウィリアム・J・ブレナンは、表現の自由には「言論モデル」と「構造モデル」(31)があり、「これ（「構造」モデル）は、プレスに修正一条の保障を与えるべきことを要求する。良い例は、公衆が情報を入手して討論するために必要な情報の提供及び伝達という機能を果たす上でのプレスの機能である。プレスが、いやプレス以外のどのような制度でも、この役割を独自的に果たす限りでは独自の修正第一条の保障を受けるべきである[32]」とし、ジョン・P・スティーヴンスも修正第一条の狙いを公衆に対する完全で自由な情報の流れを確保することと捉え、わが国の自主統治体制は、情報を与えられた市民層（an informed citizens）を所与の前提としているとする[33]。

他方でわが国でも、長谷部恭男教授が、一般市民と報道機関の表現の自由を区別し、後者の表現の自由の保障根拠を「国民の『知る権利』に奉仕し、その結果として民主的政治過程の維持や受け手となる個人の自律的な生を支える基本的情報の提供など、社会全体の利益を実現することにある[34]」としている。また駒村圭吾教授も、「多様な情報の流通という公益と個人の自律という原理との間には相補的循環関係があり、したがって多様な情報の流通という社会状況の実現は、個人の自律と並んで、表現の自由の保障根拠そのものを構成している[35]」として、報道機関の独自の権利や規制を「表現の自由の公共的使用」という概念で説明しており、ともに「多様な情報の流通」という社会的利益を前提とした表現の自由論を展開している。

前記諸説は、全て「多様な情報の流通」という社会的利益の実現主体として報道機関を想定している。しかし、ブレナンの指摘のように主体は報道機関に限られる必要はなく、公的機関被用者も外部通報という手段でその実現主体になり得る。つまり、報道機関と同じ文脈で公的機関被用者の「外部通報」に対する憲法的根拠を与えることが可能ではないかということである。

おわりに

本論稿では、アメリカの公的機関被用者の公益通報者保護制度を概観し、その憲法的意義について若干の考察を加えた。その中で公的機関被用者の情報漏洩には、公益通報として現行の情報公開制度の限界を補完し、国民に必要な情報をもたらすという意義を有するものがあることが確認できた。しかし一方では「国家秘密」という利益との間の衡量が必要であることも事実である。衡量の主体や手法についても具体的な考察が必要となり、この点は今後の研究課題としたい。

国家秘密と修正第一条について考える上での論点は、結局「何が真の国益になるか」ということである。民主主義政治は、国民が主権者として判断を下すのに必要な、正確で、多角的な、そして十分な量の情報を与えられてこそ成り立つのであり、そのためにこそ表現の自由は最大限保障されなければならないのである。

(1) Garcetti v. Ceballos, 547 U.S. 410 (2006).
(2) *Id*., at 425.
(3) *Id*., at 441.
(4) *Id*.
(5) The Civil Service Reform Act of 1978, Pub.L 95-454, 92 Stat 1111.
(6) Whistleblower Protection Act of 1989, P. L 101-12.
(7) 具体的には、①公益通報の動機の適切性要件の撤廃、②「prima facie（一応の証拠）」があれば特別顧問室が通報を受理するという受理要件の緩和、③人事行為等の「正当な理由」の立証責任の配分などである。5 U.S.C.

§1214 (b) (4) (ii), §1221 (e) (2).

（8）5 U.S.C. §2302 (a) (2) (B) において "confidential, policy-determining, policymaking, or policy-advocating character" と定義されている。

（9）メリットシステム保護委員会の裁決に不満がある場合には、通常の司法手続の途も用意されている。

（10）詳しくは National Whistleblower Center の Web サイト等を参照。

（11）ＩＣの公益通報者保護法制の詳細については、Rodney M. Perry, *Intelligence Whistleblower Protections: In Brief,* (Oct. 23, 2014), *available at* https://fas.org/sgp/crs/intel/index.html (R43765.pdf) 及び Anne Daugherty Miles, *Intelligence Authorization Legislation for FY2014 and FY2015: Provisions, Status, Intelligence Community Framework,* (Jan. 12, 2016), *available at* https://fas.org/sgp/crs/intel/index.html (R43793.pdf) を参照。

（12）「ＩＣに属する一定の機関」とは、連邦捜査局（ＦＢＩ）、中央情報局（ＣＩＡ）、国防総省情報局（ＤＩＡ）、国家安全保障局（ＮＳＡ）、国家地球空間情報局（ＮＧＡ）、国家偵察局（ＮＲＯ）を指す。

（13）Intelligence Community Whistleblower Protection Act of 1998, P.L. 105-272, §701-02, 112 Stat. 2396, 2413 (1998).

（14）ＩＣＷＰＡにおいては、「緊急の懸念」とは、①「深刻で憂慮すべき」権力濫用、問題、執行命令や法令違反、資金調達、機関業務、管理の不備、②諜報活動の資金調達・管理・運営に関連する重大な問題に関連する議会における虚偽の陳述、または故意の沈黙、③ＩＣＷＰＡの下での公益通報に起因する不正な人事行為、とされている。

（15）保護される通報先は、①国家情報長官、②ＩＣ監察総監、③各機関の監察総監、④職員の直接の監督者、とされる。

（16）外部審査委員会は、ＩＣ監察総監に加えてＩＣ監察総監が国務省、財務省、国防総省、司法省、エネルギー省、国土安全保障省及びＣＩＡの監察総監から機関内部で報復を審査した監察総監を除いた上で選出した二名の監察総監の三名で構成される。

(17) P.L. 113-126, 128 Stat. 1390.

(18) ＩＣ又は各機関の監察総監の調査と各機関の長への報告（訴えから一八〇日以内）、公益通報が権限剝奪の決定要因ではないことの証明責任を各機関に配分。救済内容は、ＷＰＡと同様である。

(19) 大統領がPPD-19の執行手続を利用するかは不明である。

(20) 特定の通報先は、①国家情報長官（またその指名者）、②ＩＣ監察総監、③職員の所属機関の監察総監、④各職員の雇用機関の長（またその指名者）、⑤連邦情報委員会、⑥連邦情報委員会委員、とされる。

(21) 一九一七年防諜法は、元々軍事施設に対する「純然とした」もしくは「伝統的な」スパイ行為を禁止するものであったが、徐々に公的機関被用者による報道機関への情報の「漏洩」に対して防諜法の適用を認める判決が出てきている。United States v. Morison, 604 F. Supp, 655 (D.C. Md. 1985), United States v. John Kiriakou, United States District Court, E.D. Virginia, Alexandria Division. など。右崎正博教授はこの拡大を「国家の安全を理由とするスパイ防止という名目の国家秘密保護法制の際限ない自己増殖的危険な本質」を象徴するものと指摘する。右崎正博「アメリカの国家秘密保護法制（上）」法時五九巻五号五二頁。

(22) New York Times Co. v. United States, 403 U.S. 713 (1971). 本件及び後述のエルズバーグ事件の詳細については、岡本篤尚『国家秘密と情報公開—アメリカ情報自由法と国家秘密特権の法理』（法律文化社、一九九八年）を参照。

(23) 国防関連情報を「権限なしに所持、アクセスし、管理している者」が、「故意」にそれらを「受領する資格の無い者」に「通報、引き渡し、伝達」、もしくは正当な受領権限がある政府職員に引き渡さないことを禁じている。

(24) 国防関連情報を「適法に所持し、アクセスし、管理し、またはそれらを委託されている者」が「故意」にそれらを「受領する資格のない者」に「通報、引き渡し、伝達」することを禁じている。

(25) エルズバーグの信用毀損を企図して、精神科医の事務所に彼のカルテの入手のために侵入した等の違法行為が認定された。

(26) New York Times Co., *supra* note 22, at 718 (Black, J., *concurring*), 730 (Stewart, J., *concurring*).

（27）実際に、トーマス・ドレイク（元NSA職員）やジョン・キリアコウ（元CIA職員）等が国家秘密の横領等の防諜法違反の容疑で起訴されている。
（28）この格差を「非対称アプローチ」と呼び、克服論、積極的・消極的擁護論等を詳細に整理・検討するものとして横大道聡「国家秘密と自己統治の相克」大沢秀介編『フラット化社会における自由と安全』（尚学社、二〇一四年）一四二頁、同「国家秘密と自己統治の相克・再訪」樋口陽一、中島徹、長谷部恭男編『憲法の尊厳—奥平憲法学の継承と展開』（日本評論社、二〇一七年）二五七頁。
（29）Heidi Kitrosser, *Leak Prosecutions and the First Amendment: New Development and a Closer Look at the Feasibility of Protecting Leakers*, 56 WM&MARY L.REV.1221（2015）.
（30）右崎教授は、情報公開制度の限界について「行政機関や実施機関が情報保有の事実を意図的に秘匿したり、保有情報を密かに処分してしまうような場合には、必ずしも有効には機能しない」とも指摘している。右崎正博「アメリカの内部告発保護法—公務員保護制度を中心として」調査情報四八〇号四頁。
（31）William J. Brennan, Address, 32 Rutgers L. Rev. 173（1979）. このような表現の自由理解（「統治の論理」）に対して、駒村教授は情報の「受け手と送り手の分離・固定化」に呼応して情報の多様性の「維持」から「再生産」へと踏み込むものであり、「再生産」を目的とする一定の政府の介入を正当化するモメントとして機能すると指摘している。介入が「自由」と調和したものならばよいが、両者の緊張関係には警戒が必要と説く。駒村圭吾「多様性の再生産と準拠枠構築—情報空間における『自由の論理』と『統治の論理』」駒村圭吾・鈴木秀美編著『表現の自由Ⅰ状況へ』（尚学社、二〇一一年）三頁。
（32）*Id.*, at 177.
（33）Houchins v. KQED, Inc., 438 U.S. 1（1978）.
（34）長谷部恭男『憲法』（新世社、二〇〇八年）二一六〜二一七頁。
（35）駒村圭吾『ジャーナリズムの法理—表現の自由の公共的使用』（嵯峨野書院、二〇〇一年）二五頁。

科学技術に関する規範形成過程における民主的正統性の意義
——市民社会と政治を結びつける制度としての経済社会環境諮問会議を例に——

小川有希子
（慶應義塾大学・院）

一　市民社会と政治の間隙——いかにして接合させるか

科学技術の進展に伴い、法規範形成過程ないし政策決定過程（以下、単に「規範形成過程」という。）の場面において、専門家の関与はもはや不可欠といえる。他方で、専門家のみに任せることに対しては、民主的正統性の欠如との批判もあり、市民参加の必要性が提唱されている。(1) こと科学技術に関しては、専門家の知見・見識に依存するところが大きく、情報収集・評価・選択・管理のあらゆる局面において、市民は蚊帳の外に置かれている。科学技術に関する市民社会と政治との間の断絶の要因分析や、デモクラシーのためのモデル提示に貢献してきた学問に科学技術社会論があるが、とりわけ、健康、環境、社会等さまざまな領域におけるリスクに関する科学的評価手法の構造転換、すなわち行政権や政治的権力の構造内部に埋め込まれていた科学的評価を、公共空間において可視化することにより、透明性と独立性を確保する必要性を論じるもの、(2) 知の論理（先生と生徒の関係／垂直関係）と理想的なデモクラシーの論理（平等な諸個人／水平関係）の違いに着目し、公教育、公的討論、知識の協働生成という三つのモデルを通じて決定の民主的正統性を調達する論理を展開するもの、[3]が挙げられる。法と政治、議会と政府、あるいは専門家と市民の間の関係性を起源とする立法システムの民主的機能不全を問題視し、フーコーが教師と生徒の例を用いて示した「抵抗の可能性の回復」にも、垂直関係から水平関係への転回という動態的構図が描かれている。[4]

これらの見解は、市民社会と政治の溝を埋めることに注力するものであるが、そもそもなぜ科学技術に関する規範形成過程において市民社会を観念する必要があるのか、という点が問われなければならない。従来、原子力技術、遺伝子技術、生命科学技術等の科学技術については、一定の規制の必要性を前提に、当該規制の対象となっている権利・自由の性質と当該規制のあり方とを相関的に捉えるアプローチが主流であったが、近年は、委任立法論、立法裁量・行政裁量に対する司法審査論、自主規制・共同規制論、立法過程・立法政策論など、統治論からのアプローチもなされている。科学技術に関しては、利害関係者が多数に上る、技術の不確かさゆえのリスクが伴う、といった性質上、ある選択には諸権利・利益間の矛盾衝突が不可避であるにも拘らず、暫定的な選択[5]が強いられる。さらに、「持続可能な」イノベーションは、将来世代への責任をその基盤とすることから、権利・利益の主体として、将来世代を考慮する必要がある。このような場合、無理に権利論に落とし込もうとするよりも、よりよいガバナンスを指向する方が建設的な議論が可能になることもあり得よう。そして、代表民主制の過程では集約されない不均質かつ多様な諸利益が混在する空間として作り出されたのが市民社会であるならば、これらの諸利益と政治を結びつけるために、市民社会を観念する必要が生ずる。フーコーは、現代の市民社会を、統治術の一部をなすものと論じている。[6]

そこで、市民社会をその一部とする統治構造、とくにフランスの規範形成過程に着目してみると、市民社会との接触を試みる制度が採用されていることがわかる。例えば、上・下院議員各十八名から構成される両院に共通の委員会である科学技術選択評価のための議会オフィス（L'Office Parlementaire d'Évaluation des Choix Scientifiques et Technologiques: OPECST）は、科学技術に関する法案作成の前段階において、議会の諮問機関としての役割を果たしている。公聴会を開催して専門家の意見を聴取することもあれば、市民会議を主催して市民の意見を集約することもある。(7)いずれの場合にも報告書がまとめられ、立法の必要性や正当性を説明する重要な資料となっている。二〇〇八年憲法改正を受けて導入された影響評価（Étude d'impact）制度も政府主導で科学技術政策が進められる場合には、重要な役割を担うものと考えれる。これは、政府提出法案への影響評価書添付を義務づける制度であり、影響評価書には、当該法案の目的、他の採りうる手段の検討、及び新法制定の手段を採用する理由を記載しなければならず、とりわけ、新法制定によって経済的、財政的、社会的及び環境的にいかなる帰結がもたらされるか、といういわゆる影響評価については精確に説明することが求められる。(8)こうして作成された影響評価書は、立法資料として公開されている。この制度は、二〇一八年二月以降、次章で紹介する経済社会環境諮問会議（Conseil économique, social et environnement: CESE）(9)(10)による調査の対象になっており、公共の意思決定にとっての有効性や公開情報の明確性・理解可能性等が検討されている。二つの制度設計の根底には、議会を通して、すなわち代表民主制の過程において、市民社会を取り込んでの規範形成を行おうとする意欲が感じられる。(11)

二　市民社会と政治を結びつけるための試作——市民社会、議会、政府の間で揺れる機関

一八四八年二月二五日、社会主義者 Louis Blanc は、「フランス共和国政府は、労働により労働者の

生存を保障し、すべての労働者に労働を保障する」と宣明するデクレを発し、同二八日には、各職能団体の代表から構成され、労働者の実態、労働条件および生活状況の調査・改善の立案等を担う、いわゆるリュクサンブール委員会（Commission du Luxembourg）を設置した。[12] しかし、五月一六日の解散令によって同委員会は解散することになる。四月に実施された憲法制定国民議会のための男子普通選挙で社会主義派が後退したこと、代表のためのよい基準を持ち合わせていなかったこと、[13] フランス社会が未だ中間団体への不信を払拭できていなかったこと等がその要因であるとされる。[14] しかし、何より、同委員会が、一八四八年の革命によって獲得したものを確立するために、諮問的・技術的役割を担う政治的議会であろうとしたことそれ自体が敗因であったとCazelは分析している。なお、Blancは、労働者を代弁しようとしたわけではなく、労働者階級を「市民」に統合し、市民権の理論の構築を試みたようである。[15]

一八四八年五月一一日、トクヴィルがRichard Cobdenに宛てた書簡の中に、次のような記述がある。「ルイ・ブラン委員長の下、ルクサンブール宮殿で開催されていた労働者委員会があったでしょう。国民議会の成立により解散されてしまいましたが、産業・農業労働者の状況の公聴や改善策の提案を担う委員会の設置は迅速でした。…フランスでは、議会が公聴するような制度の経験はあまりありません。真実を明らかにする目的でこのような公聴会を組織する技術についての著作を何かご存知ですか。[16]」（筆者訳）

ルクサンブール委員会という経験は、第三共和制期の国家経済諮問会議（Conseil national économique: CNE）、第四共和制期の経済諮問会議（Conseil économique: CE）、第五共和制期の経済社会諮問会議（Conseil économique et social: CES）そして二〇〇八年憲法改正によってCE

Sを改組したCESEへと受け継がれるが、ルクサンブール委員会が企図した「代表者による会議(assemblée)」というよりは、諮問機関としての色彩が色濃い。なかでも、第三共和制期は、政府の政策決定の補助機関としての役割が大きく、[17]「第三院（troisième chamble）と呼べるようなものではなかったようである。[18]CNEは、第二次世界大戦中にペタン元帥によって廃止されるが、ヴィシー政権に対する抵抗運動が始まると、CNEを復活させる機運が高まる。一九四六年憲法では、CEが政府提出法律案及び議員提出法律案を審査する権能を有し、政府提出法律案については国民議会における審議前に国民議会が付託する、とされた。一九五八年憲法では、政府提出法律案、オルドナンス、デクレ、及び議員提出法律案について、政府の付託により意見を発すること、経済的、社会的性格の問題について、政府の諮問を受けることができること等が規定された。そして、二〇〇八年憲法改正において、諮問を受けることができる対象が環境的性格の問題にまで拡張され、[19]国会による付託、請願の方法による付託が追加された。

三　経済社会環境諮問会議をめぐる課題

二〇〇八年の改革は、バラデュール委員会が打ち立てた三本柱の一つ「市民のための新たな諸権利」に関連して、「社会により開かれた公的生活」を確保するためのものであったが、社会におけるCESEの認知度は低く、この制度を存続させることの意義が、とりわけ市民社会の代表という観点から問われていた。サルコジの命を受けてポール・アンプロワ理事長Dominique-Jean Chertierが作成した報告書[20]は、組合や団体が合法化されて以降、公的討論のみならず社会や地域社会の規範形成に貢献する組織化された表現方法が存在してきたこと、すなわち政治社会の外にある領域を共和国が承認していることを前提に、国家と常に区別される領域に広がる、不均質・多様・多形で常に構成要素が変化し利益が矛盾衝突する市民社会をいかに代表するか、いかなる利益が代表されるのか、という点についての検討に紙幅を割いている。

Chertier 報告書が大部分において参照しているCESの二〇〇二年報告書「市民社会の制度的代表」[21]は、自らを「市民社会と政治社会の接合部にある国家機関」と位置づけている。選挙プロセスで得られる場所ではないことから、「第三院[22]」と称するには不十分であるとしながらも、基本的選択を担う国家の決定に、労働組合、企業、商工会議所、専門職協会等さまざまな中間団体を結びつけるための憲法上の制度であると自認している。そして、憲法上の制度であるという点において、経済的社会的専門知を活用する他の行政機関とは一線を画するものとして位置づけられている。専門職能や経済社会勢力の代表者が多様性を発揮できる、民主主義のための社会的対話が叶う唯一の場所[23]として市民社会を制度化したものである、ということが強調された。

現在、最大二三三名の委員は、①経済的生活・社会的対話（一四〇名）、②社会的領土的結束・共同生活（六〇名）、③自然環境の保護（三三名）の各カテゴリから選出される[24]。二〇〇二年報告書では、宗教・思想カテゴリについての検討もなされているが、「フランスは、…非宗教的な…共和国である。」と規定する憲法と相容れないとして、このカテゴリは設けられなかった。「社会における責任ある地位への男女の平等な参画」の促進という憲法上の要請との関係では、二〇〇二年報告書が、パリテの尊重に言及するにとどまっているのに対し、Chertier 報告書は、家事を担う女性の物理的困難さ、経済界の重要ポストにおける女性割合の少なさ、厳格なパリテの恣意的運用のおそれ等を考慮したうえで、五年間の移行期間を設けた後、少ない方の人数の下限を全体の三分の一とする提案をしている。なお、現時点では、一つの組織から複数の委員を選出する場合、男性の人数と女性の人数の差が一を超えてはいけない、というルールを置くにとどまる。さらに、若い世代の代表について、三〇歳未満の委員の割合が少ないことから、第二カテゴリには「若者・学生の代表四名」が含まれた。

CESEの最大の特徴は、請願による付託を可能としたことにあるが、フランスにおいて、現在認識されている意味での請願権を市民が獲得したのは、一七八九年七月二九日のことである[25]。このとき、請願権を有する者に条件は付されておらず、〈市民―有権者〉に限定されないと解する余地があった。請願権は、〈市民〉と〈市民―有権者〉との間の連続性を保証するものとして、あるいは、能動的市民の控えの間として、用意されていたと評されている[26]。しかし、ル・シャプリエ法の制定に伴い、団体による請願が禁止される。請願権は「個人に属する」、と規定することで、個人の集合体としてのプープルの表出を抑え、代表者が握るナシオン主権の行使との競合を避けたのである。なお、議院規則に請願権の規定を置いたことを含め、請願権の基本的な枠組みは二〇〇八年まで維持されてきた。二〇〇八年憲法改正に伴う民主的経路の拡充（議会による付託、請願権による付託）は、とりわけ代表民主制の観点から、議会・国民とCESEとをつなぐ回路は、信任に基礎を置く既存の制度への侵食であり、市民の議会に対する期待を薄めるものである、との批判を受けたが、代表民主制の病状悪化を避けるための妥協の産物といえよう。

四　経済社会環境諮問会から市民社会院へ？

二〇一八年五月、マクロン大統領の発議に基づく憲法改正案が議会に提出された[27]。二〇一七年七月三日にヴェルサイユで開催された両院合同会議において表明していたものである。「より代表的、応答的かつ効果的な民主主義のため」の本改正案には、議員定数削減や下院における比例代表制導入、コルシカの地位の明記等と並んで、ＣＥＳＥの抜本的改革案も盛り込まれている。名称を「市民社会院（La chamber de la société civile)」に改めること、市民社会院は、経済、社会、及び環境問題について、並びに公権力によってなされた決定の長期的な結果について、公的協議を組織し、政府及び議会に対して説明すること、市民社会の代表者の人数を最大一五五名とすること、政府主導の法律案については政府から、議員提出法律案については議会から、国務院による審査の前に諮問を受けること、経済的、社会的、及び環境的性格を有する問題については政府及び議会の双方から諮問を受けること、が提案されている。議会、政府、市民社会の間で重心を変えながら揺れ動いてきた(28)この機関は、代表民主制の強化と参加民主主義の承認の間で、その均衡点の模索を続けている。

〔付記〕本研究は、二〇一七年度「慶應義塾大学博士課程学生研究支援プログラム」の助成の成果の一部である。

（1）科学技術に対する「市民参加」論について憲法学の観点から考察するものとして、以下参照。中山茂樹「科学技術と民主主義——憲法学から見た『市民参加』論」初宿正典ほか編『国民主権と法の支配—佐藤幸治先生古稀記念論文集〈上巻〉』（二〇〇八、成文堂）七九－一〇〇頁。

（2）Pierre-Benoît Joly, « La fabrique de l'expertise scientifique: contribution des STS », *Hermès, La Revue* n°64, C.N.R.S. Editions, 2012, pp. 22-28.

（3）Michel Callon, Pierre Lascoumes et Yannick Barthe, *Agir dans un monde incertain-Essai sur la démocratie technique*, Seuil, 2001. Dominique Pestre, « Science, politique et démocratie-Un ensemble de propositions », *Revue d'histoire critique*, 2007, pp. 109-126. 専門家と市民の断絶は、政治と市民社会の断絶に他

ならないという発想の下、専門家は、単に専門家の観点からある政策や立法を評価する役割だけでなく、市民が議論に参加し得るだけの知識を獲得できるよう市民に対して情報提供ないし講義する役割をも担うことを指摘する。

(4) 関良徳『フーコーの権力論と自由論――その政治哲学的構成――』(二〇〇一、勁草書房) 三二頁。

(5) 事前配慮原則を憲法規範とする憲法院判決について、拙稿「フランスにおける事前配慮原則の憲法的位置づけとその規範内容についての一考察：二〇〇八年憲法院判決を手がかりにして」『法学政治学論究』第一一〇号 (二〇一六) 三三-六五頁。

(6) Michel Foucault, *Naissance de la biopolitique*, 2004, Seuil, p. 300

(7) ＯＰＥＣＳＴの設立背景、制度概要およびＯＰＥＣＳＴ主導で開催した市民会議については、拙稿「フランスの科学技術政策決定過程における「参加民主主義」の実践：農業・食品産業における遺伝子組換え作物の利用に関する一九九八年の「市民会議」を例に」『法学政治学論究』第一一二号 (二〇一七) 六七-九八頁。

(8) 影響評価制度については、以下参照。糠塚康江「立法手続における「影響調査」手法の可能性――「より良き立法プロジェクト」への寄与のための試論――」岡田信弘＝笹田栄司＝長谷部恭男編『憲法の基底と憲法論　高見勝利先生古稀記念』(二〇一五、信山社) 四九九-五二五頁。奥村公輔『立法手続と権力分立』(二〇一六、信山社)

(9) 経済社会環境諮問会議に関する立法紹介として、石川裕一郎「経済社会環境評議会―経済社会環境評議会に関する二〇一〇年六月二八日の組織法律第七〇四号」『日仏法学』(二〇一一) 二六号一三六-一三八頁。

(10) 法律の明確性 « clarté » は、憲法上の要請であり、法律の理解可能性 « intelligibilité » は、憲法的価値を有する目的である。只野雅人「よりよき立法 (mieux légiférer) ――フランスにおける社会・経済の変容と統治の正統性」『企業と法創造』(二〇一二) 八巻三号、四一-六二頁。

(11) ＯＰＥＣＳＴ設立に向けた審議過程では、科学技術に関する政府の決定に対する議会コントロールの有効性の強化を図ること、科学技術に関する決定に対する真に民主的なコントロールは、市民に地域レベルで参加する可能性が開かれることによってしか達成しえないことが、強調された。Rapport de M. Rausch, au nom de la

commission des affaires économiques, n°82 (1982-1983), Sénat, p3.

（12）Georges Cahen-Salvador, *Louis Blanc et la Commission du Luxembourg 1848*, 1897, F. Alcan, Paris, pp. 188-202. 長谷川憲「一八四八年におけるフランスの国民議会議員（一）」『工学院大学共通課程研究論叢』（二〇〇九）四六巻二号、九九－一〇三頁。

（13）Marie de Cazel, La saisine du Conseil économique, social et environnemental par voie de pétition citoyenne: gage d'une Ve République « plus démocratique » ?, *Revue française de droit constitutionnel*, Presses Universitaires de France, 2010, p. 297

（14）高村学人『アソシアシオンへの自由〈共和国〉の論理』（二〇〇七、勁草書房）一三〇頁

（15）高草木光一「ルイ・ブラン『労働の組織』と七月王政期のアソシアシオニスム（下）：普通選挙と「社会的作業場」」『三田学会雑誌』（一九九五）八七巻四号、八二－八三頁

（16）Frédéric Bastiat, *The Collected Works of Frédéric Bastiat. Vol. 1: The Man and the Statesman: The Correspondence and Articles on Politics*, 2011, The Online Library of Liberty, A Project Of Liberty Fund, Inc., p. 200. http://lf-oll.s3.amazonaws.com/titles/2393/Bastiat_1573-01_EBk_v6.0.pdf

（17）行政の諮問機関である国務院とＣＮＥの関係について、Alain Chatriot, Les hauts fonctionnaires du Conseil d'État au Conseil national économique, *Serviteurs de l'État*, 2000, la découverte, pp. 379-391. パレ・ロワイヤルのなかに、国務院の部局として設置され、国務院の若手職員がＣＮＥの報告責任者を担当することは、よく行われていたようである。

（18）Marie de Cazel, op.cit., p. 297.

（19）環境グルネルを提案していたサルコジの立場を反映している。バラデュール委員会報告書は、ミッテラン政権時代のヴデル委員会報告書を参考にしているが、ヴデル委員会報告書は、地方経済社会委員会（現在の地方経済社会環境委員会）との区別を明確にするために、« Conseil économique et social de la République » の名称を用いることを提案するにとどまり、環境については言及していない。

（20）Dominique-Jean Chertier, Pour une réforme du Conseil économique, social et environnemental-Rapport au Président de la République, Janvier 2009.

（21）Conseil économique social, Rapport du 18 juin 2002 sur « la représentation institutionnelle de la société civile ».

（22）「第三院」との形容はしばしばなされるが、Cazals によれば、フランスにおいては、遅くとも一九六九年以降は、CESEを「第三院」とする見方は否定されているという。すなわち、一九六九年、ド・ゴールは、上院とCESとを統合し、上院を実質的には立法機関から諮問機関に格下げする法律案を国民投票にかけたが、これに破れ辞任している。以後、上院とCESとは互いに独立を保っているという。Cazel., op.cit. なお、ド・ゴールの改革案につき以下参照。Décret n°69.296 du 2 avril 1969 décidant de soumettre un projet de loi au référendum.「元老院は、地域共同体の代表並びに経済的、社会的、文化的活動の代表であることを保証する。」「法律は、元老院の意見の後に国民議会が票決する」（Art.49）「経済社会諮問会議に関する憲法49条最終項及び憲法第十章は、新元老院が最初に召集された日に削除する」（Art.50）

（23）Ibid., pp. 13-14.

（24）各カテゴリはさらに15に細分化されている。Décret n°84-558 du 4 juillet 1984 fixant les conditions de désignation des membres du Conseil économique, social et environnemental

（25）Règlement à l'usage de l'Assemblée Constituante, Archives parlementaires, tome 8, Paris, 1875, p. 302.

（26）Cazel, op.cit., p.

（27）Projet de loi constitutionnelle pour une démocratie plus représentative, responsable et efficace, 9 mai 2018, présenté au nom de M. Emmanuel MACRON, par M. Édouard PHILIPPE, et par Mme Nicole BELLOUBET.

（28）Alain Chatriot, Les apories de la représentation de la société civile, Débats et expériences autour des compositions successives des assemblées consultatives en France au XXe siècle, *Revue française de droit constitutionnel*, Presses Universitaires de France, 2007, pp. 535-555

日本におけるヘイトスピーチ
――法的対応とこれからの課題――

斉藤拓実
（中央大学・院）

はじめに

今日「ヘイトスピーチ」という言葉は、社会的に広く浸透し、多くの人々に認知されるようになった。メディアによって盛んに取り上げられるようになったのは、二〇一三年頃のことであったが、ヘイトスピーチ自体は、この時初めて現れた、まったく新規の問題というわけではない。一九九〇年代には「差別的表現」として、主として刑事規制を念頭に、その規制が検討されていた。「ヘイトスピーチ」の問題は、「差別的表現」と連続性をもつものとして、再燃したのである。

この「ヘイトスピーチ」への関心の高まりは、近時、何らかの法的対応が必要なのではないかという一定の社会的コンセンサスの下、(1)「なぜ規制すべきか」から「どのように規制すべきか」へと、その関心の比重を移しつつあるように思われる。これに伴って、刑事規制を新たに設けることよりも、現行法の適用や、行政上の規制といったよりソフトな手段が模索されつつある。

本稿は、この「どのように規制すべきか」という点に焦点を当てて検討を行う。日本における法的対応の動向を俯瞰的に見渡すことを通じて、ヘイトスピーチに対する諸規制を貫く特徴（それはヘイトスピーチ自体の備える特性の反映でもある）を取り出すことを試みる。それにともなってヘイトスピーチ規制と憲法二一条の保障する表現の自由との緊張関係の所在もまた明らかになるだろう。

またこのような緊張関係がより一層の深刻さをもって問われることになるのが、インターネット上の表現規制の問題である。その構造的要因について指摘する。

なお本稿の趣旨から、検討対象は大きく二つの限定をもつ。第一に、ヘイトスピーチをいかに定義するかという問題である。ヘイトスピーチとは何かについて、いまだ一致した定義が得られていないなかで、その確定作業の重要性は否定されるものではない。しかし本稿の主たる関心はヘイトスピーチを規制しようという実際上の対応に、規制のもつ特徴を求めることにある。第二に、刑事規制以外の手段を中心的な対象としていることである。これはヘイトスピーチへの現実の政治動向を反映させるためだけではなく、刑事規制を敢えて迂回した手段のうちに、規制の諸特徴を読み取ることができるためである。

一　民事救済

（一）不法行為にもとづく損害賠償請求

ヘイトスピーチに対する法的な対応において最初に進展を見たのは、二〇一三年一〇月に下された京都朝鮮学校事件判決である。(2)

同事件の原告は、在日朝鮮人の民族教育を行うための学校である朝鮮学校を設置・運営する学校法人である。被告は、同校に隣接する公園を違法に占拠し校庭として利用していることへ抗議するという名目で、威圧的な態度で侮辱的な発言を多く伴う抗議活動を行った者である。さらにはその様子を撮影した映像をインターネットを通じて公開している。京都地裁は、これらの行為が業務妨害ならびに名誉毀損にあたるとして、損害賠償請求の一部を容認するとともに、学校周辺における今後の活動の差止請求を容認した。

ヘイトスピーチに対する法的対応の展開という本稿の関心からは、とくに以下の二つの点が注目される。一つは、本件の原告が朝鮮学校を設置、運営する学校法人であったという事実である。現行の民事法体系において、ヘイトスピーチが集団一般を標的にして行われた場合、個々人の侵害された権利、利益を直接に掬い上げることは難しい。それは日本の民事法が、「個人に権利が割り当てられていることを前提として、その権利が侵害されたときに救済を認めるという個別的な権利救済システムを前提としている」ことに由来する。(3) 決して軽微ではない損害を観念することができるにしても、それは一体誰の損害といい得るのか、損害の帰属先を確定させることが一般的に難しいのである。本件では、その損害の帰属先を、学校法人が引き受けるという法律構成によって、民事救済の俎上に乗せることが可能となった。

二つ目は、国際人権（ここでは人種差別撤廃条約）のいわゆる間接適用であり、国内法の条約適合的解釈を通じた賠償額の高額化である。大阪高裁によれ「人種差別を撤廃すべきものとする人種差別撤廃条約の趣旨は、当該行為の悪質性を基礎付けることになり、理不尽、不条理な不法行為による被害感情、精神的苦痛などの無形損害の大きさという観点から当然に考慮されるべき」ものとなる。ただし、「我が国の不法行為に基づく損害賠償制度は……制裁及び一般予防を目的とした賠償を命ずることはできない」として、京都地裁判決から一定の軌道修正が施されてはいる。(4) この人種差別撤廃条約の間接適用と損害賠償額の高額化という流れは、その後の判例を通じて定着をみているといってよい。(5)

（二）人格権にもとづく差止請求

京都地裁判決では人格権にもとづく差止請求も行われており、これも認められている。その判断基準について明確に示されなかったが、北方ジャーナル事件最高裁判決との区別が図られている。

その後、差止めの請求が再び行われたのが、桜本地区街宣活動事件差止決定である。本件の債権者は、民族差別解消撤廃に向けた取組を行ってきた社会福祉法人である。その所在地である川崎市桜本地区は、在日韓国・朝鮮人、その子孫らの集住地域として広く知られている。債務者は、在日韓国・朝鮮人の排斥を訴えてきた活動家であり、二〇一六年六月五日に同地区でのデモ行進を予定していた。そこで民事保全法二三条二項にもとづき、差し止めの申し立てが行われた。(6)

川崎支部は、妨害予防請求権の判断基準について、「被侵害権利の種類・性質と侵害行為の態様・侵害の程度との相関関係において、違法性の程度を検討する」ことを示した。いわゆる「石に泳ぐ魚」事件最高裁判決を念頭においてのものである。(7)

その上で、まず本件における保護法益を「住居において平穏に生活する権利」に求めている。川崎支部による「平穏に生活する権利」という保護法益の選択は、法的保護に値する権利としての成熟性が判例上確立したものとなっていること、また新しい法益の受け皿としての機能を果たしていることに求められよう。これを憲法一三条に由来する権利としてその要保護性を強化している。

加えて、差別的言動解消法二条該当性や、「本邦外出身者の個人の尊厳の最も根源となる心情等」の侵害をもとに、権利侵害の重大性を基礎づけることで請求を認めた。

（三）小　括

裁判所は、とくに集団を標的にしたヘイトスピーチに対して、被侵害権利を既存の法益を受け皿にすることや、その被権利侵害者を法人とする法律構成を通じて、民事救済の俎上に乗せてきた。そして「人種差別」該当性と賠償額の高額化や差止めによって、民事救済システムの中で最大限の権利保障が図られてきた。

一方で裁判所は、賠償額は「人種差別行為に対する効果的な保護及び救済」になるように定められるべきであるが、「制裁や、将来における同様の行為の防止」を目的とすることを否定した。しかしそのことは、ヘイトスピーチに対する民事救済の背後に制裁的・予防的規制への期待があることの裏返しでもある。そのようなヘイトスピーチ規制に対する期待は、行政機関による対応の展開の中にも現れている。

二　行政による対応

(一)　勧告、インターネット上の映像の削除要請、氏名等の公表

現行法にもとづく裁判所での民事救済とは異なるアプローチが、新たな法形成にもとづく行政機関とくに地方公共団体での行政上の対応として模索されている。その先駆けとなったのが大阪市であり、二〇一六年一月一八日に成立した「大阪市ヘイトスピーチへの対処に関する条例」であった。

大阪市条例は二条において、「目的」、「態様」、「不特定性」の三つの要件から、ヘイトスピーチについて独自の定義を行っている。そして五条において「拡散防止措置」と「認識等の公表」の二つの措置を規定している。「拡散防止措置」とは掲示物の撤去や、インターネット上の映像を削除する要請がこれに当たり、「認識等の公表」とは、表現内容の概要、表現活動を行った者の氏名または名称等を公表するものである。

市条例施行後は、市による削除要請に従い、二条のヘイトスピーチに該当するとされた動画を、動画投稿サイト運営者が自主的に削除している。また氏名等の公表も行われているが、表現活動を行った者の氏名が判明しないため、投稿者名（実名ではない）が公表されるに留まっている。

ここで確認しておきたいのは、大阪市条例では公の施設の利用を制限するということを想定していないということである。それは、泉佐野市民会館事件最高裁判決が意識されてのことであった[8]。この点にまで踏み込むことを試みたのが、次にみる川崎市の一連の動きである。

（二）公の施設の利用制限

川崎市は、既にみた桜本地区差止請求事件決定に先立って、同一のデモ活動主催者に対し、公園の使用不許可処分を行っている。今後、他の地方公共団体により同様の運用がなされることも予想されるが、かような市の施設の管理条例の運用は「施設利用を許し住民の批判を受けるよりも、たとえ裁判にもち込まれても、施設の使用を拒否する」という施設管理者のリスクマネジメントに一因がある[9]。そのような事情からすれば、一般条項にもとづく同様の運用を続けていくよりも、ヘイトスピーチを理由とした施設利用制限のための要件を具体化しておくことが、管理条例の適切な運用、民主的正当性を求める地方自治法二四四条の二、憲法二一条による明確性の原則、といった観点からは望ましい。

その後川崎市は、ヘイトスピーチを理由に公の施設利用を制限する準備を進めている。方向性としては、基本条例を新設するか、個別の施設管理条例を一部改正するかのいずれかの方法による。どちらにせよ、それまでの暫定措置として、個別の施設管理条例に規定されている施設利用制限に関する一般条項の適用によって、ヘイトスピーチのための利用を制限することが企図されている。ただし、そのような運用にあたっては、事前に一般条項のガイドラインを定め、これを公表しておくこととされた。

ガイドラインは二〇一七年一一月に「本邦外出身者に対する不当な差別的言動の解消に向けた取組の推進に関する法律に基づく『公の施設』利用許可に関するガイドライン」として、成立している。同ガイドラインは、施設利用を不許可ないしは許可取り消しとするための要件として、㋑「不当な差別的言動の行われる可能性が、客観的事実に照らして具体的に認められる場合」（言動要件）と、㋺「その者等に施設を利用させると他の利用者に著しく迷惑を及ぼす危険のあることが客観的な事実に照らして明白な場合」（迷惑要件）の二つを定めている。

このうち後者の「迷惑要件」は、「その利用によって、他の利用者の生命、身体、自由、名誉若しくは財産が侵害され、公共の安全が損なわれる危険があり、これを回避する必要性が優越する場合に限られなければならない。そして、その危険性の程度としては、単に危険な事態を生じる蓋然性があるというだけでは足りず、明らかな差し迫った危険の発生が具体的に予見されることが必要である」としており、管理権にもとづく制限の装いとは異なって、警察規制そのものである。

このガイドラインの厳格な要件に対しては、ヘイトスピーチ規制を積極的に擁護する立場から「迷惑要件」そのものの削除を主張するものもあるが(10)、それはヘイトスピーチ規制の要件として、害悪との近接性を問うことがヘイトスピーチの特性に照らして相応しいものではないということの端的な表現であるといえる(11)。そうなれば、ヘイトスピーチの規制において決定的となるのは、「言動要件」、すなわち「内容そのもの」である。また同ガイドラインは利用制限の種類として、「不許可」「許可取消し」の他に、「警告」と「条件付き許可」を予定しており、「明らかな差し迫った危険の発生が具体的に予見される」以前におけるヘイトスピーチへの対応を組み込んでいる。

(三) 小　括

地方自治体によるヘイトスピーチをめぐる一連の動きの中に窺うことのできるのは、ヘイトスピーチ規制が内容規制であるとともに予防規制となるということである。そのことは川崎市によるガイドラインの利用制限の種類や、不許可処分のための要件をめぐる議論の中に認められた。

三　インターネット規制

最後に、今後のヘイトスピーチ規制をめぐる一つの舞台としてインターネット上の表現規制について、アメリカ憲法学の議論を手がかりに若干の考察を試みる。

(一) インターネット上の表現規制の方法

インターネット時代である今日においては、そのような社会環境の変化に応じて政府による言論統制のあり方にも変化が生じている。

従来の言論規制は、個々の話し手や出版者を規制するため、刑事制裁や損害賠償請求、差止めを行ってきた。すなわち、「一般に①国民、②場所、③そしてデジタル以前の市民に向けた情報発信技術を直接対象とする」ものであり、「国家は、国民を逮捕、拘留あるいは追放し、集会や抗議のために公の空間へアクセスすることを統制し、印刷メディアや放送施設、映写機、ビデオテープ、ビラや書籍といった公表や伝達のための資格や技術を独占、規制、廃止、あるいは破壊する」ことによって規制を行ってきたのである(12)。

しかしこれらの規制方法は、インターネット上の表現に対して必ずしも有効ではない。たとえば規制の対象者たる話し手は、匿名であったり、国外の居住者であったり、時にはプログラムそのものであるような場合もある。そこで二一世紀に入ってからは、従来の規制手段に加えて、新しい言論規制の方法が模索された。それは、インターネット上のインフラを対象とし、間接的に規制しようとする方法である。

この手法は、「インターネット上の言論にとって極めて重要な役割を果たしている媒介者や、それを支える制度をしばしば対象にしている。新しい言論規制の対象となるのは、ISPsやブロードバンドプロバイダから、ドメインレジストラ、ホスティングサービス、検索エンジン、広告主、クレジットカード会社にまで及ぶ」ものであり、「事後の罰則より事前の予防を強調する」のが特徴である。(13)

（二）媒介者による言論規制の根拠

この新しい規制方法の前提の一つになっているのが、インターネット上での言論の媒介者が、ヘイトスピーチ規制を行うにあたっての幅広い裁量権を―それは全く規制を行わないという選択肢も含めて―認められていることである。(14)それは私人としての性格から媒介者による言論規制には第一修正の制約が及ばないこと、連邦法がインターネット利用者による表現内容にもとづく媒介者の法的責任を免除していることに由来する。

かような媒介者による広範な裁量権を支える連邦法が、一九九六年に成立した「通信品位法(Communications Decency Act)」の二三〇条（c）である。同条は「相互コンピューター・サービスの提供者または利用者は、他の情報内容の提供者によって提供されたいかなる情報の出版者または話し手として扱われてはならない」として、第三者によってもたらされた情報について媒介者の責任を免除している。

通信品位法が制定される以前は、インターネット上の言論の媒介者は、不快な言論に対して編集上の裁量権を積極的に行使していた場合、第三者の言論による不法行為責任を負わされる危険性があった。(15)

実際、自動のソフトウェアと投稿に関するガイドラインの制定が、「編集上の統制から利益を得るための自覚的な選択である」とされ、不法行為責任を負いうると裁判所に判断されている。(16) 通信品位法二三〇条(c)はこれを否定するために制定された。

このような背景の下に制定された通信品位法二三〇条(c)の立法目的と射程は、Zeran 判決(一九九七)の中でより明らかにされた。(17) 同事件は、第三者が行った名誉毀損表現を理由に、アメリカ・オンライン(AOL)の不法行為責任を争うものであった。裁判所は、通信品位法二三〇条の適用を主張するAOLの立場を支持した。そのなかで、通信品位法二三〇条の立法目的を、(イ)媒介者と利用者がわいせつ表現やその他不快な表現について自主的に対応すること、(ロ)自由で制限のないインターネットにおける言論の自由の発展と電子商取引発展の促進に求めた。(18)

媒介者に対して利用者の言論を理由とした不法行為責任を課すのであれば、これを免れるため、利用者に対する過剰な検閲が行われるだろう。通信品位法二三〇条(c)は、そのような懸念を受け入れて、不快な表現について「自主的に対応すること」によって(イ)、インターネット利用者による言論の自由を保障しよう(ロ)、という立法者による制度選択の帰結であった。

(三) 規制内容の決定要因

では、かような根拠にもとづく広範な裁量権の下、実際にいかなる誘因によって、提供者によるプラットフォームの設計は行われているのだろうか。それは潜在的な言論の自由規範への信奉、企業責任の意識や、(19) 経済上の存続のために利用者の規範意識に適合することの必要性といったことに求められるだろう。それは近年のソーシャル・メディアに典型的にみられるような、利用者に求める利用料ではなく広告による収益モデルと関わる。その結果、インターネット上のヘイトスピーチは、利用者による要求を受けて（あるいは汲み取って）、第一修正の範囲を大きく超えた範囲に規制が及ぶに至っている。

このような情報流通の統制については、既に述べた通信品位法による免責規定とともに、第一修正の適用が及ばないこと、それどころかインターネット上のインフラの関する所有権および利用者との利用契約が規制根拠を提供しており[20]、そのことの評価が目下問われている。

おわりに

以上みてきた通り、ヘイトスピーチ規制は本質的に内容規制、予防規制であることを志向する。そのような性格を、近年の日本におけるヘイトスピーチへの対応の展開、裁判所による民事救済や、地方公共団体による条例の新設・運用の中に読み取ってきた[21]。

一方表現の自由は、「表現の内容が他者に対して与える影響を表現制約の理由としてはならないという原則が確立していない」という課題を抱えている。その原則の萌芽が、市民会館における集会を「公の秩序をみだすおそれ」を理由に制限するには「明らかな差し迫った危険の発生が具体的に予見されることが必要である」とした泉佐野市民会館事件最高裁判決の中に認められることに照らせば[22]、日本におけるヘイトスピーチ規制と表現の自由との緊張関係の所在はより克明なものとなるだろう。

意見交換のための場としては、サイバースペース、とりわけソーシャル・メディアの存在感が増している[23]。しかしその設置・管理主体が私人であることにより、憲法上の要請がバイパスされるという構造的問題を孕んでいる。それゆえヘイトスピーチ規制と表現の自由の確保についての実質的な検討を行っていくことが、ここでより先鋭に問われることになる。

こうした状況に直面したとき、表現の自由にとっては、裁判所による判例法の積み重ねだけではなく、立法による制度形成もまた決定的な意味をもつ。それにはフォーラムの管理者に表現規制の裁量を大きく委ねるものだけではなく、一定の法的責任を課すものまでも選択肢として十分にありうる(24)。

ここにおいてもまた、歴史的・社会構造的要因を踏まえた上で、人々の「尊厳」と「自由」について両者の原理的要請に何度でも立ち返りつつ、憲法価値の具体化、実現を目指していくことが求められている。

(1) ヘイトスピーチへの法規制に対して特殊なまでに消極的と一般に言われるアメリカ合衆国にあっても、社会規範のレベルにおいては既に決着がついており、社会的コンセンサスを得ている。Richard Delgado; Jean Stefancic, *Hate Speech in Cyberspace*, 49 WAKE Forest L. REV. 319, 325-326 (2014).

(2) 京都地判二〇一三(平成二五)年一〇月七日判時二二〇八号七四頁以下。

(3) 山本敬三「差別表現・憎悪表現の禁止と民事救済の可能性」国際人権二四号(二〇一三)七七頁。

(4) 大阪高判二〇一四(平成二六)年七月八日判時二二三二号三四頁以下。

(5) 大阪地判二〇一六(平成二八)年九月二七日。

(6) 横浜地川崎支決二〇一六(平成二八)年六月二日判時二二九六号(二〇一六)一四頁以下。

(7) 匿名解説、判時二二九六号(二〇一六)一四頁。

(8) 最判一九九五(平成七)年三月七日民集四九巻三号六八七頁以下。

(9) 橋本基弘「都市公園利用権と集会規制」都市問題一〇七巻一二号(二〇一六)九六頁。

(10) 師岡康子「川崎市によるヘイトスピーチへの取組について——公共施設利用ガイドラインを中心に」法学セミナー七五七号(二〇一八)三六頁。

(11) ヘイトスピーチが人々の尊厳を脅かすことについて、ジェレミー・ウォルドロンは環境汚染に擬えながら次のように述べる。「何百万という行為のささやかな影響力——そのひとつは、それだけを取り出せば明らかに取るに足らない――が、大規模な有害な効果を作り出すことがありうる。その効果は……ある種のゆっくりと効いてくる毒のように、気づかれない間に進行する」。ジェレミー・ウォルドロン（谷澤正嗣、川岸令和訳）『ヘイト・スピーチという危害』（みすず書房、二〇一五）一一五頁。かくして、ヘイトスピーチ規制は、帰結主義的な立場において、害悪との因果関係における時間的距離をも受け止めた上で、個々の行為への規制を見積もっていかなければならない。

（12）Jack M. Balkin, *Old-School/New-School Speech Regulation*, 127 HARV. L. REV. 2296, 2298, 2306（2014）.

（13）*Id.*

（14）Danielle Keats Citron & Helen Norton, *Intermediaries and Hate Speech: Fostering Digital Citizenship for Our Information Age*, 91 B.U. L. REV. 1435, 1453（2011）.

（15）Davis S. Ardia, *Free Speech Savior or Shield for Scoundrels: An Empirical Study of Intermediary Immunity Under Section 230 of the Communications Decency Act*, 43 LOY. L. A. L. REV. 373, 406–08（2010）.

（16）Stratton Oakmont, Inc. v. Prodigy Servs. Co. 1995 WL 323710（N.Y. Sup. Ct. 1995）.

（17）Zeran v. America Online, 129 F.3d. 327（4th Cir. 1997）.

（18）Kate Klonick, *The New Governors: The People, Rules, and Processes Governing Online Speech*, 131 HARV. L. REV. 1598, 1607–1608（2018）.

（19）*Id.* at 1618.

（20）Jack Balkin, *Free Speech in the Algorithmic Society: Big Date, Private Governance, and New Speech Regulation*, 1149, 1182（2018）.

（21）この点につき詳細については、拙稿「『自由』と『尊厳』の狭間のHate Speech規制―アメリカ例外主義と憲法21条―」中央大学大学院研究年報法学研究科篇第四五号（二〇一六）を参照。またヘイトスピーチ規制法が、「観点中立性（viewpoint neutrality）」と「危険性原理（emergency principle）」に反することを指摘するものに、NADINE STROSSEN, HATE（2018）at 13.

（22）毛利透「法曹実務にとっての近代立憲主義」判時二三七五号（二〇一七）九頁。
（23）Packingham v. North Carolina, 137 S. Ct. 1730, 1735 (2017).
（24）ドイツでは二〇一七年にＳＮＳ対策法が制定されている。鈴木秀美「インターネット上のヘイトスピーチと表現の自由——ドイツのＳＮＳ対策法をめぐって」工藤達朗ほか編『憲法学の創造的展開 上巻』（信山社、二〇一七）を参照。

楠瀬喜多と女性参政権

公文　豪
（土佐史談会）

「民権ばあさん」の名で親しまれてきた楠瀬喜多は、天保七（一八三六）年九月九日、土佐郡弘岡町（高知市弘岡町）で高知城下の米穀商、袈裟丸儀平の長女として生まれた。明治七（一八七四）年に夫と死別して未亡人になった彼女は、戸主として納税の義務を果たしていた。ところが、明治九（一八七五）年、高知県庁が発した「高知県民会議事章程」は、戸主であっても女性や二〇歳未満の者、破産者等は選挙権者から除外することを定めていた。喜多はこれが不服で、女子というだけで選挙権を与えないというのであれば、男子なみに地租、地方税を納める義務はないと税金を滞納する戦術に打って出た。そして、区務所からの督促を逆手にとり、「税納ノ儀ニ付御指令願ノ事」という伺書を高知県庁へ突きつけたのである。

曩日以来税納ノ儀ニ付区務所ヨリ迅キ促シアリシカトモ不服ノ事訳ケ有之ニ付其示シ聞ケニ応スルコト最モ難ク候ニ付其筋左ニ申上候

私儀婦女ノ身分ニ候得共一戸ノ主シニ候上ハ諸般ノ務メ且ツ政府ヨリノ御取扱ヲモ男女同キ権ア

ルコトハ喋々敷言フヲマタサル義ト推シ定メ罷アリシ処渾テ其儀ニ非ス区会議員ヲ撰ムノ権利モナク加フルニ実印ヲ持ツモ証書保証人ニ立事モ不相成趣之レ最モ尋常ノ戸主ト権利ノ差イアルノ多キ処ニ御座候然ルニ権利ト義務ハ両立スヘキ道理ナレハ議員ヲ撰ムノ権利アレハ税ヲ納ムルノ義務アルハ之レ公ケ均シキ筋合ノ然ラシムル処ニ之レアルナリ然ル処私儀ハ議員ヲ撰ムノ権利モ無ク将タ証書保証人ニ立ツノ権利モナクシテ男子ノ戸主ト比ヘ視レハ権利ヲ蔑サレタルコト最モ甚シ然ルヲ税ヲ収ムルノ義務ノミ男子戸主並ノ促シアルハ公ケ均シキ御取扱ト覚ヘス是即チ税ヲ収ムルノ理ナキト慮フ不服ノ要ニコレアルナリ故ニ区務所ニ出テ右ノ訳合陳へ述レ共男子ハ兵役ノ義務ヲ負担スレトモ婦女ハ其義務ヲ負担セサルニ付爰ニ於テ男女ノ権利異ルナリト区戸長中ヨリ示シ聞ケラレタレトモ之レ又タ服スルニ難キナリ何トナレハ男子ト雖トモ戸主ハ徴兵ノ義務ヲ免カルレハナリ故ニ不服一層勝リ不得止御指令願出候ニ付速ク御詮議相蒙リ中度私ニ於テハ前々陳フル如ク婦女ハ権利ノ無キモノナレハ税ヲ収ムノ義務モ又男子ノ並ニハ尽シカタク将タ男女同権ニ候得ハ収ムル税モ男子ノ並ニ相尽シ其義務相立可申ニ付キ男女之権利差異ノ有ル無シ晰カニ相分リ候様公ケ平ラカナル御指令相蒙リ中度此段奉願候也

明治十一年九月十六日

土佐国第八大区二小区唐人町二番地居住

士族　楠瀬喜多

これに対して高知県庁は、「書面之趣納税ノ義ハ国法ノ定則有之一般人民ノ義務ニシテ権利ノ軽重ニ依テ増減スヘキ成規無之ニ付是迄未納ノ地租並ニ民費賦金共速ニ相納可申事但相対契約ノ証書へ保証人ニ相立事能ハサル儀ハ無之候事」と朱書指令した。だが、喜多は承服せず、さらに内務省へ再願書を提出しようとしていると当時の新聞は伝えている。

楠瀬喜多の男女同権思想はどのようにして形成されたのだろうか。彼女の行動を最初に報じた『大坂日報』は、立志社の演説会に「寒暑風雨をも厭はず会毎に出席しければ自ら人間の権利義務など云へることも悟り得た」[1]と報じ、日本最初の女性自身による女性参政権主張が自由民権運動の中から生み出されたことを伝えている。

ところで、わが国にヨーロッパの女性参政権思想が紹介されたのは、明治一〇（一八七七）年一二月、尾崎行雄によってハーバード・スペンサー箸『ソーシャルスターテックス』の抄訳が『権利提綱』と題して出版されたのが最初とされる[2]。

その後、広島県少書記官平山靖彦が、公式の場で初めて女性参政権の実現を主張する。彼は、明治一一（一八七八）年四月の第二回地方官会議で議題となった府県会規則案に女子にも選挙権を与えるよう修正動議を提出した。しかし、「婦人は嫁しては夫に従ふものなり（略）。婦人には私権利ありて公権利なきものなれば旁々以て婦人を選挙人たらしむを得ざるなり」などの反対論が続出し、動議は否決された[3]。

同年七月二二日、政府は三新法（府県会規則、郡区町村編成法、地方税則）を公布した。平山の修正動議を葬り去ってつくられた府県会規則は、府県会議員となる資格を満二五歳以上の男子で地租一〇円以上を納める者、議員を選挙する資格を満二〇歳以上の男子で地租五円以上を納める者と制限していた。

こうして女性参政権は地方自治制度の草創期から完全否定されたのだが、楠瀬喜多の闘いから二年後の明治一三（一八八〇）年、日本で最初の女性参政権が土佐郡上街、次いで小高坂村（いずれも現在の高知市）で実現した。

同年四月八日に公布された区町村会法第二条は、区町村会の規則はその区町村が自主的に定めて府知事、県令の裁定を受けるよう規定していた。そこで土佐郡上街町会は、二〇歳以上の住民（戸主）に男女の区別なく選挙権を与える内容の規則を制定して、高知県令北垣国道の裁定を仰いだ。

ところが北垣県令は、町会規則を改めて被選挙権・選挙権者から女性を除外するよう指令した。それも道理で、彼は前述の第二回地方官会議で平山靖彦の修正動議に真っ向から反対した人物だったのである。これに憤慨した上街町会は、坂本南海男・児島稔を先頭に立てて県と交渉し、質問状を再三突きつけるなど、四ヶ月に及ぶ執拗な闘争を展開した。この結果、北垣県令はついに屈服して原案どおりの施行を認める羽目となる。ここに日本最初の女性参政権が、高知県の片隅で実現するという画期的出来事が生じたのである。

上街町会規則成立の影響はただちに隣村の小高坂村にも及び、同村でも全く同じ内容の規則が作られた。

両町村の規則は、明治一七（一八八四）年二月の区町村会法改正によって規則制定権が区町村から奪われ、被選挙権が満二五歳以上の男子、選挙権が満二〇歳以上の男子に限定されるまで、四年間存続した。児島稔は、明治三二（一八九九）年、『土陽新聞』に連載した「土陽新聞小歴史」でこの闘いを回顧し、「議員選挙の際は男子にして婦女に投票し婦女も亦男子に投票したるもの少からず」と書いている。両町村では、実際に日本史上初の女性参政権が行使されたのである。

この当時、植木枝盛は高知にいなかったが、明治一四（一八八一）年八月三一日付『高知新聞』に論説「男女同権ハ海南ノ某一隅ヨリ始ル」を発表し、上街、小高坂村の女性参政権実現を絶賛した。「今ノ町村会ニ於テ政権ヲ得シ所ノ婦人ハ更ニ進デ国家ノ政権マデモ之ヲ握ルコトヲ謀ルベク、其未ダ町村会ニ於テサヘモ猶且ツ政権ヲ得ザル所ノ婦人ノ如キハ大ニ憤《いかつ》テ全ク国家大小ノ政権ヲ獲了シ、男子ト倶ニ平等ニ之ヲ保チ開明ノ光輝ヲ耀《かがや》カス応《べ》キ也矣《なり》」と言い、この成果を全国に広げ、国政の場でも女性参政権を実現するよう努めるべきだと励ましたのである。

明治一七（一八八四）年一〇月に自由党が解党すると、残務整理を終えた植木枝盛は帰県して『土陽新聞』補助員となり、一八年から二一年にかけて、「日本人、家の思想」「男女及夫婦論」「世の婦女達に勧む」「婦女が生意気になるとの言に就て論ず」「婦人女子将来の天地」「婦人の責任」「女権の伸縮」など、紙上に連日、女性解放・家庭改革論を発表した。それは、個人主義と近代的家族観に立脚し、「家」を支える戸主制度・家督相続・妾・隠居・養子制度の廃止を主張、男女平等・夫婦同権の確立、一夫一婦制、女性参政権の実現、女子教育の普及と女子の社会進出、廃娼を訴えるものだった。(4)

植木の論説は、当時の女性たちに多大の影響を与え、彼のもとには清水紫琴、富永らく、吉松ます、山崎竹（竹幽）、大谷きよえなど自覚的な女性たちが集まってきた。女権論は、まさに時代を風靡するものとなった。山崎竹のように論陣をはる者があれば、大谷きよえのように三大事件建白運動に参加して教員免許を剥奪された者もいた。また杉村作のように演壇にたって政談演説を行い、自宅を植木枝盛の臨時選挙事務所にあて、地域の演説会周旋など組織活動に奔走した女性もあった。(5)高知で初めての女性団体として婦人交際会、続いて高知県婦人会が組織されたのもこの頃である。

しかし、大日本帝国憲法によって確立した絶対主義的天皇制政府は、女性の権利の拡大や政治参加をいっさい容認しなかった。明治二一（一八八八）年四月公布の市制・町村制は女性を公民として認めず、二二（一八八九）年二月一一日公布の衆議院議員選挙法は、選挙人を「日本臣民ノ男子ニシテ年齢満二十五歳以上ノ者」、被選挙人を「日本臣民の男子満三十歳以上」として女性を排除した。山崎竹は同年五月三一日、六月一日付『土陽新聞』への投書「自治制施行ニ就テ感アリ」で、市制・町村制が女性の公民権を剝奪したことを痛烈に批判し、これと闘うため女性の奮起をよびかけた。

しかし、二三（一八九〇）年七月二五日、明治政府はさらに集会及政社法を公布して追い打ちをかけた。同法第三条で女性が政談集会の発起人になること、第四条で政談集会へ会同すること、第二五条で政社へ加入することを禁止したのである。

植木枝盛をめぐる女性のひとり、清水紫琴（豊子）は、屈辱と憤激に堪えかね、「何故に女子は、政談集会に参聴することを許されざるか」を発表し、「集会および政社法の改正は、吾等女性に一大驚愕を与へたり。しかり、このたび改正せられたる集会および政社法第四条ならびに第廿四条中、女子の二字あるが為に、吾等二千万の女子は皆ことごとく廃人となれり」と悲痛な声をあげた。(6)

続いて発表された衆議院規則案第六五条も、「婦人の傍聴を許さず」と明記していた。紫琴はただちに「泣いて愛する姉妹に告ぐ」を書いてその不当を鳴らした。この結果、紫琴ら有志婦人の撤回要求が実を結び、明治二三（一八九〇）年一二月三日、衆議院規則案の女子傍聴禁止条項が削除され、女性の国会傍聴だけは許されることになった。

清水紫琴は岡山の出身で、本名を清水豊子といった。明治二一（一八八八）年四月、植木枝盛を奈良に訪い、女権運動家として頭角をあらわした。最初の夫との離婚後、大井憲太郎との間に私生児をもうけるなど、波乱の青春をおくった女性である。文筆の才にめぐまれ、小説『こわれ指輪』は森鷗外から激賞された。『女学雑誌』主筆・編集責任者として、小説、随筆、評論などで健筆をふるったが、二五（一八九二）年に古在由直農科大学助教授と結婚して家庭の人となった。結婚に際して夫から執筆活動を禁じられたことが、以後、筆を断った理由とされている。(7)

明治三一（一八九八）年に施行された旧民法は、家父長的家族制度を再編成し、両性の不平等、男尊女卑を法制化するものだった。集会及政社法で「廃人」とされた女性は、家庭・社会生活においても無能力者としての地位に甘んぜざるを得なくなった。紫琴の家庭生活は民主的なものであったというが、広い意味でいえば、女性が無権利状態におかれた時代の中で逼塞して後半生を送らざるを得なかったことに変わりはないだろう。昭和八（一九三三）年六月、二男の古在由重（のちに哲学者）が治安維持法によって検挙され、病気のため一時執行停止で仮釈放になったとき、紫琴はひと言「あんたがおもうほど、世の中はなかなか簡単にかわらないよ」と言ったという[8]。

楠瀬喜多が扉を開いた女性参政への道は、こうして一旦かたく閉ざされた。再びこの扉をおしひろげるためには、平塚らいてふ、市川房枝、山川菊栄など、半世紀にも及ぶ多くの人々の苦闘を必要とした。植木枝盛らが明治一〇年代末に展開した女性解放・家庭改革の主張は、戦後の憲法と民法によって実現されるまで、長い長い道程を必要としたのである。

（1）『大坂日報』明治一二年一月二六日。
（2）外崎光広『日本婦人論史』上巻（ドメス出版、一九八六年）
（3）『郵便報知新聞』明治一一年四月一八日掲載「地方官会議傍聴記事」。
（4）これらの論文は、外崎光広編『植木枝盛　家庭改革・婦人解放論』（法政大学出版局、一九七一年）、『植木枝盛集』第二巻などに収録されている。
（5）外崎光広『高知県婦人解放運動史』四六～五三頁。
（6）古在由重編『紫琴全集』二六七頁』（草土文化、一九八三年）
（7）外崎光広『植木枝盛と女たち』九六頁（ドメス出版、一九七六年）。

（8）古在由重編『紫琴全集』五六三頁。

本稿は、『「民権ばあさん」楠瀬喜多小論—公文豪自由民権史論集—』（高知市立自由民権記念館友の会ブックレットNo.1、二〇〇六年）所収「楠瀬喜多と女性参政権」を改稿したものである。

近代フランス憲法思想における法・法律・自由

水林　翔
（流通経済大学）

問題の所在

これまで、憲法学がフランスの特徴として把握してきた要素の一つに、法律中心主義 légicentrisme という概念がある。この法律中心主義なる概念は、フランス憲法学研究の代表的な論者によって以下のようなものとして説明されてきた。辻村みよ子は、法律中心主義について、「「法律による自由」の保障を求める立場」、すなわち「権力自体の民主化（あるいは権力の奪取）による人権保障が構想され、権力が民主化されなければ自由はない、逆にいえば、権力がたとえば「人民主権」の実現によって真に民主化された場合には、自由はよりよく保障されると考える」ものと述べる[(1)]。また山元一は、「フランス人権宣言において、それを貫く思想の核心をなしていたのは、《国民は、本来自らの有する自由を実現するためには、主権を獲得して自主的な決定を行うことが必要であり、またそれで十分である》、という思考であった。よく知られているように、このような思考の所産が、Jean-Jacques Rousseau に由来し、「法律は、一般意思の表明である」と定式化される、大革命以来のフランスの古典的かつ特徴的な法思想であるところの「法律中心主義（légicentrisme）という観念であった[2]」と指摘する。

これらの論者の説くところを言葉を補いつつ整理すると、以下のようになろう。すなわち、近代以降のフランスにおいては、①旧体制との断絶としての革命によって、平等かつ自律的な個人が析出されるとともに、②それらの個人からなる国民が主権者として立ちあらわれる。この個人が取り結ぶ国家（社会）は自己統治の共同体である。③この共同体を統御するものは人々の一般意思の表明たる法律 loi をおいてほかにない。④そしてこの法律によってこそ真に自由が保障される。

もっとも、近代以降のフランスにおいて常に、法律が主権者の意思の所産とみなされ、またその法律による自由の保障が自明視されていた、という訳ではない。それぞれの時代の中で、法・法律・自由の関係の在り方は変化を見せてきた。本稿では、近代以降のフランスにおける法・法律・自由といった諸概念相互の多様な関係性を見てゆきたい。以下、一において法意思主義を主張した主だった法学説を簡単に検討した上で、二において法と法律の関係を捉え返すことで法意思主義とは異なる自由の在り方を主張した論者を取り上げたい。

一　法意思主義

（一）主権者国民と法律

まず取り上げるのは（とりわけ革命初期の）シィエスである。彼は、旧来の身分制社会を打破したところに析出される自然権有する個人が取り結ぶ社会契約の産物としての社会を想定し、各人の権利・自由の保護という目的のために国民主権及び政治参加の重要性を説いた。「あらゆる公権力は、区別なく、一般意思に由来するものである。それらはすべて人民から、換言すれば国民からもたらされる[3]」。このように社会は人々の意思の所産であり、かつ社会を規律する法律は国民意思の表明という条件を満たす必要がある。たしかに、当時のフランスにおいて国民が広く政治参加に足るだけの教育を受けていたという訳ではない。しかし「教養というものを持たない多くの人々に対して、その市民としての資格や市民としての諸権利を剝奪してはならない。彼等があなた方同様に法律 Loi に従わねばならない以上、かれらもまた、法律の制定に参与することが必要なのだ。この参与は平等であるべきである」(4)。そして、議会において制定される法律が一般意思の産物たることが述べられる。（一七八九年七月二十＝二十一日人権宣言草案第二六条）。

また第三共和政前期に活躍し、フランス憲法学の確立者と称されるエスマンもまた、シィエスの延長線上に位置付けられるだろう。彼も個人を基礎単位とした社会像(5)の下、人の自由な発展、その自由・権利の保障こそが国家の目的たる位置を占めると考え、イギリスなどを参照しつつ憲法理論の構築を行った(6)。エスマンは、国民主権に「人民の主権は国民全体に帰属し、他には帰属しないこと(7)」という定義を与え、これを擁護する。この国民主権においては、広く国民が有権者となることが求められる。「仮に政治的投票が公務であるならば、あらゆる国民の構成員が自然に、また実質的に投票権を行使するように要請される。いかなる者もそこから不公平に排除されるべきではない。したがって、法律が要求する有権者の条件は、皆がアクセス可能なほど容易であることが望ましい。年齢、住居、初等教育等は条件として認められるが、財産や納税額は認められない(8)」。この点、サクリストが、直接普通選挙の擁護は当時においては必ずしも一般的ではなく、それゆえエスマンの議論が大きな意味を持ったと指摘していることは注意に値しよう(9)。このように、エスマンもまた議会制定法と主権者の結びつきを重視する。この点についてプレロは、自由な政体を追求するエスマンにおいては一般的かつ不偏の法律が重要であることと共に、それが「なによりもまずそれが国民の主権者意思の表明である」ことが重視されたと指摘している(10)。

（二）小　括

シィエスやエスマンにみられるように、主権を国民（人民）の手に帰せしめ、その代表者たる立法府の意思の所産としての法律と自由とが結合するという立場は歴史の中で繰り返し重要な位置を占めてきた。主権者人民の政治意思を無媒介に立法へと結びつけるのではなく代表制を通じて理性に合致する立法が目指されたという意味でシィエスやエスマンの議論において政治エリートに掛けられる期待は大きかったことは指摘されねばならないが(11)、その基盤は法意思主義であった。

二　法・法律・自由

とはいえ、上記のような法思想が決してあらゆる時代において支配的であったわけではない。以下では法意思主義とは異なる法ないし自由の観念を説いた法思想についてみてゆく。ここで取り上げるのは一九世紀前半期の法学者達（一）及び、第三共和制期に活躍したレオン・デュギー（二）である。彼等は、それぞれの時代の課題に向き合う中で、法意思主義とは異なる法理論を体系化していった。

（一）一九世紀前半期の（憲）法思想

①社会と法

まず一九世紀前半期とりわけ七月王政期の法学説についてみてゆきたい。この時代のフランスでは、革命がもたらしたテロル、ナポレオン帝政さらにはユルトラ反動といった政治的な動乱を経ており、革命の遺産を受け継ぎつつも、秩序ある統治を行うことが課題とされた。そうした時代にあって、この時期の論者たちは、法律を、より高次の法（則）と不可分のものとして理解した。彼等は、まず、社会についての理解を、シィエスやエスマンと異にする。ポルタリス[12]は「社会は協約などではなく、事実である。各人はその両親のもとに産まれる。両親はその同胞と共に暮らしているが、それは彼等がその同胞と様々な関係を形成しているからである。それゆえ、社会を契約によって形成されたものなどと推論することは出来ない[13]」と述べる。無論例外も存在するが、おおむねこの時期の論者は、社会を人間に先行する所与として理解する。

この所与としての社会には、人が従うべき法 droit ないし法則が存在する、と彼らは主張する。例えば行政法学者フカール[14]は、「法とは、その一般的な意味において、事物の本性に由来する諸関係であり、換言すれば、創造主によって被造物に課された諸規範である。道徳世界を支配する諸法律の帰結を、人は法と呼ぶ[15]」、「諸法の中で、一方のものは極めて単純かつ通常の関係に由来し、困難なく理性にかなっていることが理解される。それは全ての人に知覚され、自然法、神法、絶対的な法と呼ばれる。他方のものは、現実社会に対する自然法の適用であり、時と場所、社会それ自体によって多様であり、実定法、人の法、相対的な法と呼ばれる[16]」と述べる。この時期を代表する論者の一人であるギゾー[17]においても、同様の論理が見て取れる[18]。このような法（則）の存在を前提とした上で、フカールは法と法律の関係を以下のように結論する。「立法者は、いわゆる法を作り出すのではない。立法者は、既に存在する諸関係から法を引き出し、定式化する。それゆえ、立法者は人が同胞や事物との間に構築する諸関係を良く知るために人の本性を学ばねばならない[19]」。

②統　治

上記のような法と法律の関係性を前提とするがゆえに、彼等における望ましい統治とは、最も確実に高次の法を法律へと具体化する能力を有する者による統治である。この点、ギゾーは、出自と政治参加の資格を結びつける貴族政や民主政等の政体を批判する[20]。またポルタリスは、政体と自由の関係についてこう述べる。「法律が各人の権限と独立を強めれば強めるほど、ますます法律は私が法的自由と呼ぶものに近付いていくだろう。かくして、法的には、フランスにおける国民公会の構成員以上に自由なものはいなかっただろう。（略）しかし、安全を本質的に司る実際の自由は、彼等において認めうるだろうか？国民公会においてエスカレートし、互いに抑圧しあった多様な党派が行った悲劇的な経験がその反証をなす[21]」。かように自由と人民の主権は彼らにおいては全く相反する。

それではいかなる政体が望ましいのか。ポルタリスはこう述べる。「自然は、こう言ってよければ、人々の集団に公共の秩序の必要性を感じさせ、また幾人かの者に他者の善のために用いるべき能力と資質を与えることで、あらゆる政府を下描きするのである[22]」。またギゾーも、人間社会の特徴として、①本性上の不平等に起源をもつところの地位の相違、②弱きものが強きものに従い、能力の劣る者が能力の優る者に従ってきたという経験則[23]等を挙げ、「理性」を政治において体現するためには富と教養を備えた者による統治が必要となるという。彼等がこうした条件を備えた政治制度として主張するのが代表制である。

彼等のこうした理解は、例えば選挙権を巡る議論にも反映される。ギゾーは、権利は、人が人であるという理由のみで有する永続的権利（普遍的権利）と一定の属性の者にのみ認められる可変的権利に分類可能[24]であると述べた上で、後者に選挙権が含まれるという。そして後者の権利を有するものの属性についてこう述べる。「権利を与えるのは能力であり、能力は法とは独立の事実である。法は能力を作ることも破壊することも出来ない。（略）ではなぜ能力が権利を与えるのか？　それは権利が理性と、理性のみと一貫性をもつものであるからである。能力は、理性に従って行動する能力と同義である」[25]。この議論は一見したところシィエスのそれと通底するように見える。しかし、シィエスが基本的には第三身分の政治参加を広く認めようとしたの対して、ギゾーの議論は有権者の範囲を極めて厳しく制限しようと欲するものであった[26]。

③小　括

この時期の議論を要約すれば、①人に対する社会・法の先行、②個人間の能力の差異の承認、③能力ある人々による自己統治（新たなアリストクラシー）による自由の実現、④理性・正義といった「法（則）」の実定化としての「法律」＝法意思主義の拒否、といった諸点を挙げることが出来よう。かような議論がなされた背景には、人民の手に政治的権力を与えた政体がテロルや圧政へと結びついたという苦い記憶が存在したのであり、そうした歴史への反省から人間の意思を拘束する法の存在が重要視されたのである。

（二）社会連帯主義法学における法・法律・自由

続いて、第三共和制においてデュルケーム社会学を法学の分野に導入したレオン・デュギーの思想について見てゆきたい。デュギーが依拠した社会連帯主義思想は、デュルケームやレオン・ブルジョワといった著名な論者を擁することによって、この時期をリードする思想となると共に、社会保障関連の法制定を中心に現実の政治過程にも影響を及ぼした。デュギーの問題関心は、隣国ドイツの公法理論に対抗する法による国家権力の制限を可能にする法理論の確立、また社会連帯に基づく法によって当時拡大しつつあった産業化に伴う社会問題解決の可能性を探ることにあった。

①社会・法・社会連帯

デュギーは社会なるものを学問の対象とする際に最も重要なことは事実に基づいて観察することであると言う。デュギーは客観的かつ科学的な観察の結果、社会は人間の出生に先立って存在する事実であり所与であるとする。故に人は他者から孤立しては生きられない。ここから、「社会に生きる人に課される法則の必要性及びこの法則の性質が知覚」される。(27) それではこの法（彼は社会規範と呼ぶ）はどのような性質を持つか。この法は、「目的律であり、社会集団を形成する諸個人の協調を規律し、その活動を制約し、一定の活動を課」す。「社会規範の目的とはおそらく個人の自律の尊重である。ただし、それは個人の尊重が社会生活の要素である限りにおいてである。これは、個人が社会集団の一員であり、その発展に貢献する限りにおいての、自律した個人の尊重である」(28)。人を個人としての側面からのみ見ることは、人を一面的に見ているに過ぎず、啓蒙から革命に至る個人主義思想の過ちであった。所与としての社会において人間は、様々な生活上の必要を満たすために相互に連帯・依存の関係にある。(29) 彼のいう社会的規範は、それが人々に浸透したことによって法的規範―法規範ないし法的規範と呼ばれる―へと転化するとされる。(30) そして、この法規範は、各人が他者の自律を尊重しつつ、社会連帯・社会的相互依存の増進に努めることを要求する。(31) それは、私人にはもちろんのこと、国家の統治を担う人々にも妥当し、果すべき役割を与える。

この法規範と法律の関係についてデュギーはこう述べる。「法律とは、それによって、客観的法規範を制定するところの、あるいは客観的法規範の実効化を保障するところの規範や制度を構築するところの文書である。（略）実定法律は、あるいは一定の時代に存在する客観法の定式化であることもあれば、客観法の適用を保障する一連の規範を含むこともあるが、いずれにせよ客観的法規範をその根拠に持つ」[32]。

②自　由

デュギーにおいて自由は以下のように定義される。「自由とは、個人にとって、その肉体的、知的、精神的活動を社会の相互依存の発展のために用いる義務である」[33]。デュギーは、ここから二つの帰結が引き出されると言う。第一の帰結は、かような人々の活動の発展が国家を含む他者によって妨げられないということ、第二の帰結は、しかし、そうした自由の行使は社会連帯・社会的相互依存の増大に資するべしという命題とセットになっている、ということである。とりわけ後者の点がデュギーの議論において重要な意義を有する。例えば彼は、所有権についてこのように主張する。「所有者は、彼の所有者としての社会的職務を自由に、充分に、かつ十全に果たす以外の権限行使を主張しえない。ここにおいてわれわれは、主観的所有権が消失し、社会的職務としての所有が取って代わると言い得る」[34]。

③小　括

このように、デュギーにおいても、社会において第一に参照される法は客観法である。人は、客観法たる法規範によって、社会連帯・社会的相互依存を増進させることを社会的な義務として負う。法律はこの客観法を実定化するものであり、個人が享有する自由もまた社会連帯の増進という目的の中で初めて正当化される。デュギーは、産業化の進展の中で、従来の個人主義的な権利概念が社会全体の利益を損なっていることを鋭く批判し、客観法と不即不離の関係にある法律及び自由の概念を通じて、真に公共性を持つ法観念の構築を企図したのであった。

おわりに

近代以降のフランスにおいて、主権者の意思の所産としての法律及びそれによる自由の実現という理路は、本稿で取り上げたシィエスやエスマンといった論者に代表されるように、フランス憲法思想を特徴づける重要な思想であることは間違いない。しかし、それが歴史的に常にドミナントであったかどうかという点はまた別論である。本稿で述べたように、革命～帝政を経た一九世紀前半期において革命の遺産を付け継ぎつつ秩序ある統治を目指したギゾー等のように、またエスマン等の個人主義的憲法学に対抗し、産業化等の弊害を解決しつつ共和国フランスの新たな在り方を模索した第三共和制期のデュギーのように、法律に先行する法（則）の存在を強調する論者が存在したことを忘れるべきではない[35]。近代フランスにおける憲法思想史の特徴は寧ろ、そうした思想の複数性と相互作用性にある。彼等は、先行する時代の法理論から学びつつ、各時代固有の社会的課題に直面する中で、新たな法理論の可能性を探求し、個々の独自性ある憲法思想を構築したのである。

（1）辻村みよ子『人権の普遍性と歴史性』（創文社一九九二年）一七六頁。
（2）山元一「自由と主権―最近のフランスにおける議論の一断面」（『現代フランス憲法理論』信山社二〇一四年）二六九頁。
（3）*Archives parlementaires de 1787 à 1860. 1ère sér., 1787 à 1799: recueil complet des débats législatifs & politiques des chambres françaises*, Tome 8, p. 260.
（4）Sieyès, *Dire de l'abbé Sieyes, sur la question du veto royal à la Séance du 7 Septembre 1789*, Baudouin, 1789, pp. 13-4.

（5）Esmein, *Éléments de droit constitutionnel français et comparé*, Paris: Recueil Sirey, 1896., p. 165.

（6）深瀬忠一「A. エスマンの憲法学―フランス現代憲法学の形成（1）―」（『北大法学論集』15巻2号一九六四年）三二五頁。

（7）Esmein, *op.cit.*, p. 153.

（8）*Ibid.*, p. 198.

（9）Guillaume Sacriste, « Adhémar Esmein en son époque. Un légiste au service de la République », *Le droit constitutionnel d'Adhémar Esmein*, L.G.D.J, 2009, p. 30.

（10）Pierre-Henry Prélot, « Esmein ou le droit constitutionnel comme droit de la liberté », *Le droit constitutionnel d'Adhémar Esmein*, L.G.D.J, 2009, p. 116.

（11）シィエスについて Pierre Brunet, *Vouloir pour la nation: le concept de représentation dans la théorie de l'État*, L.G.D.J., 2004, pp. 96-7. Stéphane Rials, « Sieyès ou la délibération sans la prudence. Éléments pour une interprétation de la philosophie de la Révolution et de l'esprit de légicentrisme », Droits, n°13, 1991. エスマンについて Jean-Marie Denquin, « Démoratie et Souveraineté Nationale chez Esmein », *Le droit constitutionnel d'Adhémar Esmein*, L.G.D.J, 2009, pp. 133-4. Antoine Chopplet, *Adhémar Esmein et le droit constitutionnel de la liberté*, mare & martin, 2015, pp. 336-7.

（12）ポルタリスについて北村一郎「作品としてのフランス民法典」（『フランス民法典の200年』有斐閣　二〇〇六年）。

（13）Jean-Etienne-Marie Portalis, *Ecrits et discours juridiques et politiques*, Presses universitaires d'Aix-Marseille, 1988, p. 309.

（14）ポワティエ大学初代行政法学担当教授。Foucart, *Précis de droit public et administratif*, Videcoq, père et fils, 1844.

（15）*Ibid.*, p. 1.

(16) *Ibid.*, p. 2.

(17) Guizot, *Histoire des origines du gouvernement représentatif et des institutions politiques de l'Europe: depuis la chute de l'Empire romain jusqu'au XIVe siècle*, Tome 1, Nouvelle édition, Didier, 1880. また井端正幸「フランス復古王政期の憲法思想の一側面――フランソワ・ギゾーの選挙権論の展開を中心に」(『沖縄法学』29 二〇〇〇年)、井端正幸「フランソワ・ギゾーの『代表制』論の形成　復古王政期前半を中心に（一）～（三）」(『龍谷法学』18巻3号、20巻4号、21巻1号一九八五～八年）等を参照。

(18) Guizot, *op.cit.*, pp. 90-1.

(19) *Ibid.*, p. 3.

(20) *Ibid.*, pp. 101-2.

(21) Jean-Etienne-Marie Portalis, *De l'usage et de l'abus de l'esprit philosophique durant le dix-huitième siècle*, Moutardier, 1834, p. 275.

(22) Portalis, *Ecrits et discours juridiques et politiques*, p. 323.

(23) Guizot, *op.cit.*, p. 108.

(24) Guizot, *Discours académiques suivis des discours prononcés pour la distribution des prix au concours général de l'Université et devant diverses sociétés religieuses ; et de Trois essais de philosophie littéraire et politique*, Didier, 1861, p. 386.

(25) *Ibid.*, p. 385.

(26) 実際にこの時期の有権者の数は、革命期のそれ（四百三十万人程度）と比較して二十万人程度（七月王政末期には二十五万人程度）という極めて少ないものであった。

(27) Léon Duguit, *Traité de droit constitutionnel. Tome 1. La règle de droit-le problém de l'état*, 2e éd, Paris: E. de Boccard, 1921, p. 12.

(28) *Ibid.*, p. 22.

（29）*Ibid.*, p. 20.

（30）*Ibid.*, p. 36.

（31）*Ibid.*, p. 22.

（32）Léon Duguit, *Le droit social le droit individuel et la transformation de l'état: conférences faites à l'école des hautes études sociales*, 3. éd., revue augmentée d'une préface nouvelle, Paris: F. Alcan, 1922, p. 144.

（33）Léon Duguit, *Les Transformations Générales du Droit Privé: depuis le Code Napoléon*, 2e éd. rev, Paris: F. Alcan, 1920, p. 158.

（34）Léon Duguit, *Traité de droit constitutionnel. Tome 3. La théorie générale de l'etat (suite)*, 3e éd, Paris: E. de Boccard, 1930, p. 665.

（35）紙幅の都合上論じることが出来ないが、ギゾーらにおける法と、デュギーの法規範は概念として大きく異なるものであることは注意が必要である。

書評

小倉一志『インターネット・「コード」・表現内容規制』（尚学社、二〇一七年）

成原　慧
（九州大学）

一　はじめに

本書は、我が国においてインターネット上の表現の自由に関する憲法問題の研究を牽引してきた代表的論者の一人である小倉一志教授の二冊目の単著である。小倉教授による初の単著であり、教授のインターネット上の表現の自由に関する憲法理論の体系を提示した『サイバースペースと表現の自由』（尚学社、二〇〇七年）に続く本書は、教授のサイバースペース原理論を深化させるとともに、前著の公刊後のインターネット上の表現規制に関する各種の問題をフォローしている。本書では、「表現の自由」という憲法的価値と、インターネット上の表現内容を規制する国内外の法律・条例、さらにはアーキテクチャ（物理的・技術的構造による規制）として作用しうるソフトウェア等の「コード」との関係が多角的に論じられている。力不足ながら、インターネット上の表現の自由を研究する者の一人として、本書の書評を試みたい。

二　コードによる表現内容規制

本書のⅠ章では、コードによる規制について総論的な検討が行われた上で、Ⅱ章ではコードによる表現内容規制に焦点を当て、表現内容規制を行う上でのコードと法の関係が分析されている。コードに関する日米の議論の検討を踏まえ、小倉教授は、二〇〇九年に施行された青少年インターネット環境整備法について、強制の要素が取り除かれている点で一定の評価をできるとしつつも、「規制された自主規制」であっても、表現内容を規制するのは他ならぬコードであると指摘した上で、「「コード」の決定が「コード」に係わるアクターの「私的自治」に委ねられる（のが基本となる）との結論は、表現の自由という憲法的価値が「コード」に反映されていることとの不確実性を示すこととなるが、「国家からの自由」を基調とするアメリカ・日本の理解に立つ限りやむを得ないと考えられる」と述べている（本書一三頁）。上述のような教授の見解は、日本の表現の自由論の準拠国とされてきた米国型の表現の自由観を取る限り、私的自治に委ねるという結論は受け入れざるを得ないという消極的なものなのか、それとも、かかる結論を積極的に支持しようとしているのか、解釈が分かれ得るだろう。もし、消極的な見解が示されているのであれば、「国家による自由」の側面も併せ持つドイツ型の表現の自由観への転換の可否についてより踏み込んだ検討が求められるように思われる。もっとも、本書が、市場原理等を通じたコードの適正なコントロールへの期待を示すとともに、先の引用部に続けて、「「コード」の書き換えにより憲法的価値が縮減されることのないように常に監視し、コントロールする重要な役割を（「動物化」されようとしている）これらのアクターも担わざるをえないのである」（本書一三～一四頁）と述べていることからすると、小倉教授は、コードの形成を私的自治に委ねるという結論を積極的に引き受けた上で、コードの開発者や利用者に、コードを通じた憲法的価値の実現の担い手としての自覚を促そうとしているといえるのかもしれない。

三　法による表現内容規制

本書のⅢ章以下では、インターネット上の有害情報規制や選挙運動規制など各種の表現規制について、具体的な検討が加えられ、リアルスペースとの異同を意識しながら、規制と表現の自由の適切な衡量のあり方が探求されている。

例えば、Ⅻ章では、我が国においても昨今大きな問題となっている差別的表現について、ヘイトスピーチ解消法や大阪市ヘイトスピーチ条例の制定を踏まえた検討が行われている。本書の各論的検討においても、前著で示された行政が「表現の交通整理」を行うことに対する懐疑的な姿勢が貫かれている。小倉教授は、大阪市ヘイトスピーチ審査会が直面するジレンマを描き出しているが、このジレンマは、行政や第三者機関が表現の「交通整理」を行う上で直面するさまざまな課題について考える上でも有益な示唆を与えている。

また、Ⅸ章～Ⅺ章では、近年のインターネット上の表現の自由と名誉・プライバシーの関係が争われた判例の分析が行われている。例えば、検索サイトで自身の氏名を検索すると犯罪を連想させるワードが検索候補に表示されることに気づいた債権者が名誉毀損等を理由に当該表示の差止めなどを求めたGoogleサジェスト事件の評釈では、アルゴリズムの使用によりインターネット上の情報を際立たせ、被害を拡大させたという問題の核心が主題化された上で、アルゴリズムが用いられていることを理由として検索サイトが民事責任を負わないことまでは正当化できないとの見解が示されている。教授の見解は、プライバシーに係る検索結果の削除に関する最高裁判例（最決平成二九年一月三一日民集七一巻一号六三頁［Google 検索結果削除仮処分申立事件］）のロジックとも通底するものといえるが、アルゴリズムの設計者の表現の自由と責任については、学界においてさらなる検討の深化が期待される。

四　条例による表現内容規制

本書のⅣ章とⅤ章では、我が国の条例によるインターネット上の有害情報規制について体系的な研究が行われている。条例によるインターネット上の表現規制の変遷が時系列的に検討された上で、各地の条例によるインターネット上の有害情報規制の内容について地域別に丹念かつ精緻な検討が行われている。本書が明らかにしたとおり、各地の青少年条例によるインターネット上の有害情報への包囲網はすでに完成しつつある。各地の青少年条例は、携帯キャリアや保護者等に対しフィルタリングソフトの提供・利用等に関して義務ないし努力義務を課すことによって、青少年インターネット環境整備法による規制を補完・補強する役割を担うようになっている。それゆえ、教授も説くように、運用実態も含め各地の条例の動向について注視・精査することが必要となる。

本書におけるインターネット上の有害情報を規制する条例の研究の意義は、決して周辺的なものではない。ローカルな権力である条例は、携帯電話のフィルタリングという「末端」からインターネットの情報流通を規制しようとしている。従来の法によるローカルな権力とインターネットのグローバルな情報流通の自由との相克が顕在化するようになっている中で（インターネットのグローバルな視点からは国法もローカルな規制に過ぎないとの見方もあり得る）、法によるローカルな規制の極限に位置する条例とインターネット上の表現の自由との緊張関係を分析することは、境界（行政区画、国境）を越えて情報が流通するインターネットの自由と規制のあり方を考える上で普遍的な示唆をもつものといえよう。

五　アップデートの困難さとさらなる期待

「インターネット上の問題は、変化が非常に早いため、オリジナルの元原稿を修正しても新たな変化が生じることが多く、完全なアップデート版を出すことは困難」（本書ⅰ頁）であるという小倉教授の指摘は、同じ分野を研究する者として、自らの経験からも深く頷かざるを得ない。インターネットの変化は時々刻々と進んでいる。本書に収録されている論文の中には、元となる論文の刊行時からの状況の変化により、さらなる検討やフォローが必要となっているものも少なくない。かかる状況の変化を踏まえた小倉教授のさらなる研究の進展に接することのできる日が待たれる。

高橋雅人『多元的行政の憲法理論　ドイツにおける行政の民主的正当化論』（法律文化社、二〇一七年）

新　井　誠
（広島大学）

一　本書は、現代の国家統治において多用される民営化の手法や、一定の独立性を有する行政機関や専門家委員会の設置によって生じる（タイトルにもある）「多元的行政」に対する民主的正当化の現代的あり方について、憲法理論の視点から検証を試みるものである。本書は、著者である高橋が自身の博士学位請求論文にその後の検討を踏まえて大幅な加筆修正を施したうえで、刊行された。その一部には、著者がこれまで個別に発表してきた諸論稿をベースにした箇所がある（本書二六六頁「初出一覧」参照）。特に本書第三部第一章の内容は、主に、高橋「民営化における多元的行政の民主的正当化」憲法理論研究会編『政治変動と憲法理論』（敬文堂、二〇一一年）七七頁以下を基にしたことが推察される。同論文は、二〇一〇年八月に函館で開催された憲法理論研究会夏合宿における報告から生まれたと思われる（同合宿には評者も参加した）。このたび、こうした憲法理論研究会での研究成果の一部が活かされた重厚な研究書が刊行されたことに、会員の一人として、まずは心よりお慶び申し上げたい。

二　本書は、序章「現代国家をめぐる認識」の後を受け、第一部「方法」（第一章「現代国家をめぐる〈認識〉」、第二章「統治を支える規範」、第三章「ガバナンスと憲法理論」）、第二部「理論」（第一章「民主的正当化論」、第二章「参加と受容」）、第三部「組織・構造」（第一章「国家の権力独占（民営化）」、第二章「行政の統一性」、第三章「改めて民主的正当化論から」）の三部で構成され、最後に、結「民主的正当化に基づく憲法理論」が置かれる。

序章では、現代国家の行政に取り入れられる民営化や新公共経営理論（New Public Management）に基づく組織改革等の現象をベースに、公法学、とりわけ憲法学が今後立ち向かうべき課題を示そうとする。著者によれば、従来の憲法学では、行政組織の統合を図る場合、行政権全体の統一化を図ろうとする思考が強く見られてきたところ、それは「非効率で副作用の強い非現実的」（一三頁）なものと理解される。これに対して新たな時代の憲法学は、行政の多元性を前提とする一方で、現代的意味における民主主義概念を駆使しながら、多元化した行政をいかに民主化していくのかという作業に目を向けるべきではないかとの問題提起がなされる。こうした問題意識を背景に、第一部では、伝統的な国家や統治概念を解きほぐし、近年注目を浴びつつある「ガバナンス」といった概念の憲法学への取り込みを試み、その民主的正当化の可能性に着目する。これを受けて第二部では、民主的正当化自体の意味合いにつき、伝統的な「一元的モデル」との対比で「多元的モデル」を提示し、さらにその「修正型多元的モデル」へと議論を進める。これにあわせて、より実際的な意味での市民による参加と受容の議論へと向かう。第三部では、多元的行政の実際的側面としての民営化やいくつかの独立性を確保された機関（中央銀行、公証人、専門家委員会など）をモチーフに、これらの様相の異なる独立的機関についての個別的な民主的正当化論へとつなげていく。以上を受けて最後の結では、改めて現代国家における多元的行政に関する民主的正当化のあり方について検証し、組織の性質毎の責任配分をめぐり議論を再構成しつつ、「全体政治への再統合」（二六一頁）を目指すことを示唆する。

三　本書は、現代国家において行政の多元化が展開するなかで、従来の憲法理論の枠組みだけではその民主的統制を十分及ぼすことが困難になっていることを示す。そして、こうした現実的事態を現代的に正当化するための理論を新たに見出そうとする、壮大かつ挑戦的な試みである。また、それを跡付けるため、古典的なものから現代に及ぶ、ドイツを中心とする多数の憲法学説を凌駕し、多くの連邦憲法裁判所判決の分析を通じて、一貫した議論を展開しようとする。さらに重要なのは、この分析では、「正当化」自体の意味合いについても、それが含むいくつかの側面を丁寧に区分けする一方、「多元的行政」に関しても、実際に異なる性質や側面を持つ各組織を具体的に複数取上げ、それぞれの組織の性格に見合った検証を重ねようとする点である。こうした実証的検討は、日本における憲法解釈論の場面でも多いに応用されよう。本書は古典的行政組織についての問題関心に収まるものではないが、たとえば、日本における独立行政委員会の合憲性をめぐる憲法解釈論を考えた場合、各独立行政委員会の個別的特徴をつかんだ民主的正当化の問題は、いまだ十分に検証されきれていない印象を受けるなかで、本書の分析を通じて、その精緻化が期待される点はその一例である。

四　もっとも、本書の重要な検討課題に関する次の部分について気になる点がある。それは、本書で見られる「行政権全体の統一化」（一二三頁）という伝統的思考に対抗する形で示される「多元的行政」の把握とそれに対応する新たな正当化理論が必要であることを首肯できたとしても、それを民主的正当化に結び付けるという作業は、やはり困難だということなのかという印象が残ることである。

本書では、多元的行政においては行政の独立が重要な意味を持つものの、それに関する民主的正当化をどうにか確保しようと懸命な論証が試みられる。そして、そこに登場する「民主的」ということの意味合いの再解釈を行い、「民主主義を柔軟に解することが求められている」(二一四頁)とか、「民主主義の意味合いを幅広く解釈」(二一五頁)することの前向きな評価が示される。しかし、そうなると、現にある民主的正当化が難しい諸機関自体に枠をはめていく作業ではなく、はめる枠自体を拡大する作業に陥ってしまう感触を、私自身は感じることとなった。これには、私自身の民主主義理解こそ、筆者のいう憲法学の伝統的な「ヒエラルヒッシュな民主的正当化」(二四七頁)から生じているにすぎないからではないかとの反論があろうかと思われる。それでもなお、日本の社会科学でも民主主義という語は、時代や専門により、あらゆる文脈で理解されてきており、立憲主義といった語と同様、マジックワードとして機能する可能性は否定できない。そうであるからこそ、本書にいう「民主(主義)的」という言葉の意味の幅について、もう少し厳格に捉えて論じる必要はないのか。そうでなければその語のなかで、様々なことが正当化されてしまう状況になっていくようにも感じられた。

とはいえ、本研究は、議論の淵源をドイツに求めた一種の実証研究であるのだということになれば、その責めを著者に求めるのは見当違いである。さらに、この問題を分析し新たなテーゼを示そうとすること自体が、民主主義等に国家統治の正当性を求める近代的枠組みに疑念が持たれかねない状況の下、それでもなお民主主義的統治をフィクションにしないための議論を改めて示さなければならないという学問的良心に基づくものであろう。本書は、こうした果敢な試みの一つとして位置付けることができるのだと思い、本分野に関する著者の、これまでの研究を活かしたさらなる検証の継続を期待したい。

憲法理論研究会活動記録

（二〇一七年六月〜二〇一八年五月）

一　研究活動

(1)　概観

二〇一七年六月からの年間テーマを、前年度に引き続き「立憲主義の理念と展望」として研究活動を行った。このテーマは、集団的自衛権行使容認の閣議決定と安保法制をめぐる議論の中で、あらためて「立憲主義」が問われたことを意識して決定され、その包括性と時事性からさらに一年間継続することとした。研究総会のみならず、月例会においても、年間テーマを意識しつつ報告をお願いするとともに、従来の枠組みを引き継ぎ、月例会において二名の報告者を立てた。なお、前年度との対比では、一一月に月例会を行わず、三月の月例会を四月とした。

(2)　七月ミニ・シンポジウム「憲法訴訟の動向—実務と学問の対話—」（二〇一七年七月一五日、早稲田大学早稲田キャンパス）

【講演】千葉勝美氏（元最高裁判所判事）「司法部の立ち位置と最高裁憲法判例の展開」、【対談】千葉勝美氏、渡辺康行会員（一橋大学）、駒村圭吾会員（慶應義塾大学）

(3)　夏季合宿研究会（二〇一七年八月二二日〜二四日、ホテル高砂、【幹事】岡田健一郎会員（高知大学））

【報告者】牧本公明会員（松山大学）「公益通報者保護の憲法的意義」／山本真敬会員（下関市立大学）「ドイツ連邦憲法裁判所における『主張可能性の統制（Vertretbarkeitskontrolle）』の展開」／小川有希子会員（慶應義塾大学・院）「科学技術立法における民主的正統性の意義」／斉藤拓実会員（中央大学・院）「日本におけるヘイトスピーチと法的対応の現在」／公文豪氏（高知近代史研究会々長）「楠瀬喜多と女性参政権」

(4)　月例会

二〇一七年

《六月例会》（六月一七日、立正大学品川キャンパス）

【報告者】橋爪英輔会員（慶應義塾大学・院）「フランスの政治裁判権における司法官の位置づけ」／森口千弘会員（早稲田大学）「思想・良心の自由に基づく法義務免除」

《一〇月例会》（一〇月一五日、東北大学川内キャンパス）

【報告者】栗田佳泰会員（新潟大学）「学校におけ

る信教の自由と裁量審査、合理的配慮（reasonable accommodation）―カナダ最高裁判決を素材に―」
《一二月例会》「違憲審査における国賠訴訟の可能性」（一二月一六日、工学院大学新宿キャンパス）
【報告者】青井未帆会員（学習院大学）「立法行為に対する違憲国賠訴訟について―安保法制違憲訴訟を題材に」／井口秀作会員（愛媛大学）「違憲国賠訴訟の憲法訴訟としての可能性」

二〇一八年
《四月例会》（四月二一日、一橋大学国立キャンパス）
【報告者】馬場里美会員（立正大学）「私企業における労働者の宗教の自由―フランスおよびEUにおける差別禁止原則の一側面」／水林翔会員（流通経済大学）「近代フランス憲法思想再読」

(5) 春季研究総会「立憲主義の挑戦―憲法のデザイン―」（二〇一八年五月一三日、中央大学後楽園キャンパス）【会場校幹事】植野妙実子会員
【報告者】斎藤一久会員（東京学芸大学）「日本における憲法パトリオティズム論の展開」／齊藤笑美子会員（元茨城大学）「婚姻・家族とフランス憲法」／植松健一会員（立命館大学）「民主政のデザイン―政治プロセスにおける『解散権』の位置―」／宍戸常寿会員（東京大学）「司法権＝違憲審査制のデザイン」【コメンテーター】横大道聡会員（慶應義塾大学）【司会】江藤英樹会員（明治大学）・田代亜紀会員（専修大学）

(6) 憲法理論叢書二五号『展開する立憲主義』が二〇一七年一〇月敬文堂より出版された。本号には、二〇一六年六月から二〇一七年五月までの研究報告、書評及び活動の記録が収められている。

二　事務運営

(1) 概観

二〇一七年六月から二〇一八年五月までの事務運営は、二〇一六年一〇月に発足した運営委員会、建石真公子運営委員長（法政大学）、植村勝慶事務局長（國學院大學）及び事務局によって行われた。

(2) 事務総会

a　通常事務総会（二〇一八年五月一三日、中央大学後楽園キャンパス）

①八名の入会、②二〇一七年度決算、③二〇一八年度予算、④項と号の違いを明確化し、編集委員会と会計に関する規定を整備する旨の規約改正、及び⑤会計監査の選出（茂木洋平会員（横浜桐蔭大学）の後任として、柳瀬昇会員（日本大学）が選出。任期は二

年。）について審議・承認され、さらに、運営委員会での審議に基づいて、①今後の研究計画、②次期年間テーマを「憲法の可能性」とすること、③事務局員の交代（二〇一八年五月に、水谷瑛嗣郎会員（帝京大学）が退任し、吉川智志会員（帝京大学）が就任し、根田恵多会員（早稲田大学・院）が退任し、望月穂貴会員（早稲田大学・院）が就任。）、④憲法理論叢書二六号の編集状況、⑤四名の退会申出、についてそれぞれ報告がなされた。

b　臨時事務総会　開催されなかった。

(3)　運営委員会

a　構成

この期の運営委員会は、二〇一六年一〇月に発足した以下の運営委員によって構成されていた。

愛敬浩二（名古屋大学）、青井未帆（学習院大学）、新井誠（広島大学）、市川正人（立命館大学）、植村勝慶（國學院大學）、上村都（新潟大学）、江島晶子（明治大学）、大津浩（明治大学）、大河内美紀（名古屋大学）、小澤隆一（東京慈恵会医科大学）、木下智史（関西大学）、小山剛（慶應義塾大学）、齊藤正彰（北海道大学）、阪口正二郎（一橋大学）、宍戸常寿（東京大学）、志田陽子（武蔵野美術大学）、只野雅人（一橋大学）、建石真公子（法政大学）、西原博史（早稲田大学）、長谷川憲（工学院大学）、南野森（九州大学）、本秀紀（名古屋大学）、毛利透（京都大学）、糠塚康江（東北大学）、山元一（慶應義塾大学）。〔なお、任期は、二〇一八年一〇月まで。〕

b　二〇一七年度第二回運営委員会（二〇一七年一二月一六日、工学院大学新宿キャンパス）

①今後の研究計画（二〇一七年一二月例会、二〇一八年四月の月例会、二〇一八年五月の春季研究総会、二〇一八年六月の月例会、二〇一八年七月のミニ・シンポジウム及び二〇一八年八月の夏合宿。なお、冒頭で、会費値上げを当面考えず、憲法理論叢書の増ページを押さえるために、二〇一七年一一月例会を開催しないとする事務局提案につき追認された。）、②次期の運営委員選挙の選挙管理委員の提案（岡田順太会員（白鷗大学）・杉山有沙会員（帝京大学）・土屋仁美会員（法政大学））、③次期の年間テーマを「憲法の可能性」とすること、④四名の入会申込、⑤項と号の表記の整理、会計・編集委員会の規定の創設等を内容とする規約改正案を次回の事務総会に提案すること、について審議・承認された。さらに、①二名の退会申出、②憲法理論叢書第二五号の刊行について報告

がなされた。

c　二〇一八年度第一回運営委員会（二〇一八年五月一三日、中央大学後楽園キャンパス）

①今後の研究計画（二〇一八年六月の月例会、二〇一八年七月のミニ・シンポジウム、二〇一八年八月の夏合宿、二〇一八年一〇月、一二月及び二〇一九年三月の月例会）②四名の入会申込、③二〇一七年決算及び二〇一八年度予算（あらたに研究総会参加にかかわる保育サービス利用補助制度を新設することを含む）、④事務局員の交代、⑤会計監査の選出、⑥運営委員補充の件について審議・承認された。さらに、①二名の退会申出、②選挙管理委員の互選による委員長選出、③憲法理論叢書第二六号の編集状況について報告がなされた。

(4)　運営委員選挙管理委員会

二〇一七年度第二回運営委員会（二〇一七年一二月一六日）において、岡田順太会員（白鷗大学）・杉山有沙会員（帝京大学）・土屋仁美会員（法政大学）の三名が選挙管理委員に選出された。

持ち回りで、二〇一八年二月一三日に、岡田順太会員を互選にて委員長に選出した。

二〇一八年三月二四日に、選挙管理委員会（事務局同席）で開催し、選挙管理の手順と関係書式の確認を行った。

二〇一八年四月一〇日に通信の発送発信とともに、選挙公示がなされ、被選挙人名簿が発送された。

二〇一八年五月一三日には、適正に選挙が実施された。投票締め切り後直ちに開票が行われ、得票数の順位が確定した。同月一五日に運営委員長宛に選挙結果が報告された。なお、一四名を当選者とすべきところ、得票数一四位の者が複数いたために一三位の者までを当選者とし、一四位の者の扱いについては、今回の当選者を招集して後日開催される推薦運営委員選考会議の判断に委ねることとした。

(5)　憲法理論叢書編集委員会

憲法理論叢書二五号の編集は、大藤紀子会員（編集委員長・獨協大学）、大津浩会員（明治大学）、茂木洋平会員（横浜桐蔭大学）、山本真敬会員（下関市立大学）の四名によって行われた。

現在、二六号の編集は、引き続き、大藤紀子会員（編集委員長）、大津浩会員、山本真敬会員、茂木洋平会員の四名によって行われている。

大藤編集委員長の下、二〇一八年二月一五日に持ち回りで編集委員会が開催され、タイトル『岐路に立つ立憲主義』、構成案、執筆要項及び締切が決定された。

(6) 執行部及び事務局の構成

二〇一八年五月現在の執行部は、建石真公子運営委員長と植村勝慶事務局長により構成され（任期二〇一八年一〇月まで）、事務局は、事務局長と久保田祐介事務局員（書記・広報担当／専修大学／任期二〇一九年五月まで）、吉川智志事務局員（会計・名簿担当／帝京大学／任期二〇二〇年五月まで）、望月穂貴事務局員（HP・庶務担当／早稲田大学・院／任期二〇二〇年五月まで）、菅沼博子事務局員（通信・庶務担当／一橋大学・院／二〇一八年一〇月まで）からなる。

三　会員移動

(1) 新入会員（八名）

大野悠介（慶應義塾大学・院）、瑞慶山広大（慶應義塾大学・院）、寒河江和樹（中央大学・院）、河嶋春菜（名古屋大学）、作花知志（弁護士）、坂井大輔（明治学院大学）、高橋勇人（東北大学・院）、松原俊介（東北大学・院）（申込順、二〇一八年五月一三日総会承認）。

(2) 退会者（四名）

長谷部恭男（早稲田大学）、今関源成会員（早稲田大学）、北川善英会員（横浜国立大学）、西原博史会員（早稲田大学）（申出順、二〇一八年五月一三日総会報告）

※長年にわたる本会へのご協力に心より感謝申し上げます。

〔氏名の後の所属は原則として当時のものを使用しています。助教、助手又は研究員などについては、実態が多様なため所属大学名のみを使用し、非常勤先の場合も大学名のみを記載しております。敬称略の点を含めて、どうかご了解ください。〕

憲法理論研究会規約

（一九九二年七月二〇日決定
一九九二年八月二〇日施行
一九九七年五月一一日改正
二〇一〇年五月　九　日改正
二〇一八年五月一三日改正）

（名称）
第一条　本会は、憲法理論研究会（Association for Studies of Constitutional Theory）と称する。

（目的）
第二条　本会は、次のことを目的とする。
一　日本国憲法の基本理念の擁護
二　総合的で科学的な憲法理論の創造
三　会員間の、世代を越えた自由で学問的な交流と協力の促進

（事業）
第三条　本会は、前条の目的を達成するため、次の事業を行う。
一　学術研究総会の開催
二　研究会の定期的開催
三　研究成果の公表
四　前条第一号及び第二号に掲げる目的を共有する内外の学術機関・団体との交流の促進
五　その他必要と認められる事業

（会員）
第四条　次に掲げる者は、会員二名の推薦に基づき、事務総会の承認により、本会の会員となることができる。
一　憲法を研究する者であって、本会の目的に賛同する者
二　本会の目的に賛同し、本会の事業に協力する者

（会費）
第五条　会員は、別に定めるところにより、会費を納入しなければならない。

（事務総会）
第六条　本会の運営に関する基本方針を決定する機関として、事務総会をおく。
2　事務総会は、原則として毎年一回、運営委員会委員長（以下「委員長」という。）が招集する。ただし、必要と認められる場合は、随時開催する。

（運営委員会）
第七条　本会に運営委員会をおく。
2　運営委員会は、事務総会の決定を受け、本会の運営に関する事項を審議する。
3　運営委員の定数及び選出方法は、別に定める。

4　運営委員の任期は二年とし、再任を妨げない。
5　運営委員会に委員長をおく。委員長は、運営委員の互選による。
6　委員長は、運営委員会を招集し、その議長となる。
7　委員長は、本会を代表する。
（事務局）
第八条　本会の事務を処理するため、事務局をおく。
2　事務局は、事務局長及び事務局員をもって構成する。
3　事務局長は、運営委員会の推薦に基づき、事務総会で選出する。
4　事務局員は、会員のなかから、事務局長が委嘱する。委嘱に際しては、運営委員会の承認を必要とする。
（編集委員会）
第八条の二　本会の研究成果を公表するために、編集委員会をおく。
2　編集委員会は、編集委員長及び編集委員をもって構成する。
3　編集委員長及び編集委員は、委員長の推薦に基づいて、運営委員会で選出する。
（会計年度）
第九条　本会の会計年度は、毎年四月一日から翌年三月三一日までとする。
（会計の承認）
第九条の二　会計については、運営委員会の審議を経た上で、事務総会の承認を得なければならない。
（会計監査）
第一〇条　本会の会計につき監査を行うため、会計監査をおく。
2　会計監査は、委員長の推薦に基づき、事務総会において選出する。
3　会計監査の任期は二年とし、再任を妨げない。
4　会計監査は、毎会計年度末に監査を行い、その結果を事務総会に報告するものとする。
（改正）
第一一条　本規約は、事務総会において、出席会員の過半数の賛成により改正することができる。

附　則

本規約は、一九九二年八月二〇日より施行する。

附　則

本規約は、一九九七年五月一一日より施行する。

附　則

本規約は、二〇一〇年五月九日より施行する。

附　則

本規約は、二〇一八年五月一三日より施行する。

Constitutional Theory Review

No.26 October 2018

Constitutionalism at a Crossroads

Contents

Association for Studies of Constitutional Theory

編集後記

安倍政権誕生以来、我われが目にしてきたものは、憲法そのものの危機であった。当初それは、警察予備隊の設置から始まる日本の再軍備化の一連の流れに属する、いわゆる「解釈改憲」の事態の延長と映った。

しかし、この政権が主導してきたのは、もっと深刻な立憲主義の危機的状況であった。周知の通り、安倍総裁の下、自民党の改憲案は、現行九九条に匹敵する条文において、公務員の憲法尊重擁護義務に先立ち、国民の憲法尊重擁護義務を真っ先に定め、憲法の制限規範性を根底から覆す。また、憲法の改正に関する九六条の改正手続を緩め、憲法の形式的最高法規性の弱体化も目論む。さらに、集団的自衛権の行使可否にあたっては、憲法解釈変更の「閣議決定」を敢行し、「憲法解釈の変更は、政府の裁量の範囲内」と言い切った。このように、この政権の下では、憲法の最高規範性は愚か、国家法体系のなかの規範の上下関係さえも、顧みられない。もはや我われは、憲法という前提、すなわち立憲主義という基盤に素朴にとどまってはいられないのではないか。

本号の標題を「岐路に立つ立憲主義」としたのは、「立憲主義」の堅持にとどまらず、それを「主義」としてさらに示し続けていけるかどうか、そうした基点から立憲主義を問い直したいからに他ならない。

理想、理念、人類の獲得物の重みと意義を無視した無知がまことしやかに発せられる日常、理念をその都度の現実へ軽々に迎合させる無教養、そして何より、こうした言明に多くの若者が感化される事態を前に、我われは毅然として、確固たる選択肢を呈示すべきであろう。立憲主義が描き出す世界像を示し、その世界から現実を嚮導していく、そうした力を示していくべきではなかろうか。

本号は、憲法理論研究会の二〇一七年六月から二〇一八年五月の研究成果を基にまとめられたものである。寄稿された先生方には心から感謝を申し上げたい。本号で展開された論考が、立憲主義国としての日本が進む方向をめぐる議論に一石を投じ、向かうべき道筋を導くものとなることを願って止まない。なお、編集に際しては、大津浩（明治大学）、茂木洋平（桐蔭横浜大学）、山本真敬（下関市立大学）各会員と、大藤（獨協大学）が作業を行った。本号も、（株）敬文堂の竹内基雄社長にお世話になった。編集者の一人として、本叢書の刊行をより意義あるものとすることで、氏の労力に少しでも報いることができればと思う次第である。

（文責　大藤紀子）

岐路に立つ立憲主義〈憲法理論叢書26〉

2018年10月15日　初版発行　　定価は
カバーに表示してあります

編　著　憲 法 理 論 研 究 会
発行者　竹　内　基　雄
発行所　㈱　敬　文　堂

東京都新宿区早稲田鶴巻町538 平成ビル1F
電話（03）3203-6161㈹
FAX（03）3204-0161
振替 00130-0-23737
http://www.keibundo.com

印刷・製本／信毎書籍印刷株式会社
ISBN 978-4-7670-0227-9　C3332

憲法理論叢書①

議会制民主主義と政治改革

本体二七一八円

憲法理論叢書発刊にあたって吉田善明／「代表」の再発見？樋口陽一／議会制民主主義の憲法問題杉原泰雄／議員立法のあり方中村睦男／議会制民主主義論と「責任」の概念吉田栄司／「国民内閣制」の理念と運用高橋和之／「政治改革」と財界・労働組合・自民党塚本俊之／小選挙区制と憲法第九条大宮武郎／日本における政治倫理制度の現状と問題点清水英夫／「政治改革」と小選挙区制導入問題隅野隆徳／フランス第五共和制と政党永山茂樹／イギリスにおける選挙区制改革論議の歴史と現段階小松浩／アメリカ憲法における政党越路正巳／ドイツにおける政党への公的助成加藤一彦／選挙制度と代表制只野雅人／アメリカ合衆国の予算制度の特質とその変動佐藤信行／サッチャーリズムと地方制度改革妹尾克敏／ドイツ連邦議会防衛監察委員水島朝穂／ロシアの法文化と議会制民主主義竹森正孝／書評・岩間昭道／藤野美都子

憲法理論叢書②

人権理論の新展開

本体二七一八円

人権類型論の再検討のために北川善英／人権主体としての個人樋口陽一／権力と人権笹沼弘志／「外国人の参政権」再論浦部法穂／外国人の人権樋口和彦／女性と人権武田万里子／子どもの人権丹羽徹／最近のドイツの基本権論について栗城壽夫／イギリスにおける「市民的自由」の保障と「国会主権」倉持孝司／「アジア型」人権論の試み安田信之／中国型人権の深層構造針生誠吉／ユーゴスラヴィア憲法と人権工藤繁裕／人権の国際的保障をめぐる理論問題横田耕一／国際人権保障の観点からみた国際人権条約と憲法の関係江島晶子／EUの超国家的性質とフランスにおける欧州市民権の位置づけについて大藤紀子／人権は一つ？ それとも二つ？萩原重夫／書評・市川正人／浦田一郎／岡田信弘

憲法理論叢書③

人権保障と現代国家

本体三〇〇〇円

現代人権保障における国家の関与大須賀明／法人と「人権」芹沢斉／それでも基準は二重である！長谷部恭男／国の「基本権保護義務」小山剛／反啓蒙思想あるいはもう一つの啓蒙思想の憲法学に向けて阪本昌成／人権の基本原理としての「個人の尊厳」根森健／ドイツにおける胎児の生命権と妊娠中絶判決嶋崎健太郎／教育情報の開示とプライバシーの権利内藤光博／現代国家と自由右崎正博／表現の自由の守備範囲内野正幸／青少年保護(健全)育成条例における「有害図書類」規制と表現の自由清水睦／教育人権の権利性永井憲一／教育と宗教に対する国家の関与小泉洋一／大学審議会と大学の自治青木宏治／現代の平和と人権太田一男／沖縄における憲法訴訟金城睦／アメリカ支配下の自治権と人権保障井端正幸／那覇市米軍用地違憲訴訟と平和主義・地方自治永山茂樹／書評・長岡徹／久保健助／野中俊彦／畑尻剛

憲法理論叢書④

戦後政治の展開と憲法

本体二七一八円

議会制民主主義と政権交代**吉田善明**／議会と民意**岩間昭道**／議会制の原点と現点**糠塚康江**／「多数派」民主主義の再検討**近藤敦**／戦後における政党と憲法**上脇博之**／財政議会主義の五〇年**小沢隆一**／宗教法人法と課税問題**笹川紀勝**／地方分権と沖縄基地問題**仲地博**／戦後五〇年と地方自治**緒方章宏**／憲法改正手続と司法審査**久保健助**／アジア太平洋地域の人権憲章構想**稲正樹**／「人権」と「市民的自由」の間**植村勝慶**／ドイツにおける国家目的論の再考**石村修**／「法治国家」論から「立憲主義的民主主義」論へ**山元一**／書評・**元山健**／**吉田栄司**／**小野善康**／**長谷川憲**／**福岡英明**

憲法理論叢書⑤

憲法五〇年の人権と憲法裁判

本体二八〇〇円

わが国違憲審査の五〇年―総論的概観**小林武**／憲法裁判の五〇年**植野妙実子**／憲法裁判所案の系譜と問題点**畑尻剛**／憲法訴訟論の問題と課題**戸松秀典**／最高裁判決における憲法訴訟要件論の問題点**渋谷秀樹**／憲法訴訟論の展開と裁判実践**諸根貞夫**／外国人の参政権と国籍条項**後藤光男**／〈社会権〉の保障と個人の自律**西原博史**／教育裁判における教育人権論の展開**成嶋隆**／平等権論の問題点と課題**安西文雄**／アメリカ司法審査制の連邦的特質**森山弘二**／討議理論による人権の基礎づけについて**渡辺康行**／九〇年代のフランス憲法院**今関源成**／朝鮮開化期における人権思想の継受**國分典子**／書評・**岡田俊幸**／**横坂健治**／**矢口俊昭**

憲法理論叢書⑥

国際化のなかの分権と統合

本体二八〇〇円

地方自治の五〇年について思うこと**杉原泰雄**／統合と分権のなかの公共性**鳥居喜代和**／グローバリズム立憲主義下の地方自治権論の課題**大津浩**／地方分権推進委員会の勧告と市町村合併**小林博志**／統合の手段としての日本のODAと憲法の平和主義**清水雅彦**／リゾート法満一〇年**藤原信**／イギリスにおける「地方分権」**松井幸夫**／フランスにおける地方分権と住民投票**福岡英明**／ベルギーの連邦化**武居一正**／ヨーロッパ地方自治憲章の一〇年**廣田全男**／欧州統合とドイツ憲法**岡田俊幸**／欧州統合とフランス憲法学**南野森**／「ヨーロッパ人権基準」の確立における主権と人権**建石真公子**／阪神・淡路大震災と憲法論の課題**浦部法穂**／『こだわり』から『かかわり』へ**孝忠延夫**／ボランティアと日本国憲法**近藤真**／学問の自由・大学の自治の保障からみた大学教員の任期制**根森健**／書評・**鴨野幸雄**／**緒方章宏**／**柳井健一**

憲法理論叢書⑦

現代行財政と憲法

本体二八〇〇円

新ガイドラインと日本の軍事化岡本篤尚／行政機構の改革と憲法宮井清暢／市場、規制、憲法中島徹／ドイツ宰相の基本方針決定権限の由来毛利透／平和・福祉憲法と行財政北野弘久／フランスにおける国家による経済介入多田一路／ドイツにおける税務訴訟の現実と税務行政三木義一／社会保険制度の改革・再編と行財政坂本重雄／社会権の今日的課題中村睦男／財政構造改革と生存権柳眞弘／財政からみた社会保障藤野美都子／臓器移植における脳死の憲法問題柏﨑敏義／四日市反公害と私澤井余志郎／「盗聴立法」について倉持孝司／書評・本秀紀／小林武／角替晃

憲法理論叢書⑧

憲法基礎理論の再検討

本体二八〇〇円

近代個人主義と憲法学中山道子／憲法学と思想史の対話愛敬浩二／レッセ・フェール憲法学への新たな視座飯田稔／僕らの生き苦しさと人権論石埼学／アファーマティブ・アクションと正義穐山守夫／宗教に対する便宜供与山崎英壽／意見表明の自由の限界としての個人的名誉保護上村都／下級教育における個人情報保護伊藤良弘／放送の自由―その理念と制度鈴木秀美／アメリカにおける人種差別的ヘイトスピーチ長峯信彦／中国の「市民社会」研究について古川純／ＥＵ／ＥＣの民主主義はどこまで可能か鈴木眞澄／ウェストミンスター・モデルの動揺小松浩／統治構造から見た日本国憲法史横尾日出男／憲法社会学的考察による沖縄県民投票の意義と問題点について中富公一／憲法運動の今日的課題奥野恒久／文化財保護法と松代大本営大日方悦夫／書評・武藤健一／立山紘毅

憲法理論叢書⑨

立憲主義とデモクラシー

本体二八〇〇円

国家・国民・憲法栗城壽夫／憲法規範の私人間適用と、私法規範の「憲法化」樋口陽一／イギリスの憲法改革元山健／人権保障における Bills of Rights の意義と役割江島晶子／現代フランスにおける憲法裁判と立憲政治蛯原健介／フランス革命期における「国民主権」原理と外国人参政権菅原真／優生政策と憲法学村山史世／日本国憲法の『原点』と『現点』横田耕一／平和主義をめぐる「改憲」と「護憲」の論理澤野義一／改憲と「改革」の底流と憲法学の課題小沢隆一／戦争非合法化論と日本国憲法河上暁弘／韓国の大統領制政府形態の進化と展望鄭永和／議院内閣制と大統領制近藤敦／日本の地方自治と「自治体憲法学」大津浩／韓国地方自治制の現況と課題李憲煥／朝鮮半島の統一の展望と課題閔炳老／書評・池端忠司／小山剛／江藤英樹

憲法理論叢書⑩

法の支配の現代的課題

本体二八〇〇円

現代イギリスにおける「法の支配」論**植村勝慶**／違憲審査制の活性化**市川正人**／変容する法の「支配」**大藤紀子**／ドイツにおける「憲法裁判権の限界」論**岡田俊幸**／アメリカにおける住民投票制の現況と民主主義論**木下智史**／アメリカ合衆国における妊娠中絶法理の現在**小竹聡**／学校図書館のパブリック・フォーラム性**前田稔**／最近のイタリア共和国憲法改正の動向**高橋利安**／国家・家族・セクシュアリティの間**齊藤笑美子**／法科大学院と憲法教育**戸松秀典**／法曹一元と非常勤裁判官制度**石村修**／教育基本法改正問題と《法の支配》**成嶋隆**／改憲への今日的潮流と「教育」像**寺川史朗**／政府の平和主義論**浦田一郎**／日米地位協定の立憲的統制**高作正博**／書評・**隅野隆徳**／**高見勝利**／**河上暁弘**

憲法理論叢書⑪

憲法と自治

本体二八〇〇円

「憲法的自治」の今日的課題（覚え書き）**小林武**／コミュニティと「自治」**糠塚康江**／「地方自治の本旨」の再検討**岡田信弘**／不文憲法の基本的構造**成澤孝人**／「国民」概念の限界と「市民」概念の可能性**佐藤潤一**／刑部荘と「国民による憲法改正」の技術**高見勝利**／学問の自由と大学の自治の新たな課題**中村睦男**／憲法の教育自治に対する先行性**坂田仰**／「大学の自律」と「教授会の自治」**松田浩**／司法制度改革と弁護士自治**今関源成**／マスメディアの自主規制と透明な社会**池端忠司**／「表現の自由」とポルノグラフィー**田代亜紀**／地方自治の憲法的基礎**杉原泰雄**／国家と自治体**仲地博**／国家と地方間の紛争解決システム**桑原勇進**／日韓シンポジウム韓国側報告・要約**金英千・玉武錫・崔承元・金南澈**／有事関連三法の批判的検討**山内敏弘**／にもかかわらず護らなければならないこと**馬奈木厳太郎**／書評・**愛敬浩二**／**本秀紀**／**平地秀哉**／**齊藤正彰**

憲法理論叢書⑫

現代社会と自治

—憲法理論研究会四〇周年記念号—

本体二八〇〇円

メディアの規制と自律—「市民社会の自治」の可能性**田島泰彦**／報道の自由と「ジャーナリストの自治」**内藤光博**／私学助成と大学の自治**石川多加子**／地方分権論と自治体再編論の異同**妹尾克敏**／生活保護と「個人の尊重」**押久保倫夫**／憲法における制度と人権**柏﨑敏義**／愛媛玉くし料訴訟について**草薙順一**／受任者名簿とプライバシー**奥島直道**／日本国憲法の平和主義と財政の諸原則**隅野隆徳**／有事法制と無防備地域条例制定の意義**澤野義一**／「セキュリティ」と憲法学**石川裕一郎**／ギールケのアルトジウス研究…『共生と人民主権』から学ぶもの**笹川紀勝**／大臣の「責任」に関する覚え書き**佐藤修一郎**／憲理研四〇周年を迎えて**吉田善明**／憲理研四〇年に寄せて**山内敏弘**／研究会がなければ、研究できる？**浦田一郎**／ロースクール憲法の意義と可能性**棟居快行**／書評・**斉藤小百合**／**佐藤潤一**／**佐々木弘通**／**上脇博之**／憲法理論研究会四〇年小史

憲法理論叢書⑬

〝危機の時代〟と憲法

本体二八〇〇円

人類生存の憲法論覚え書浦田賢治／憲法にとって、何が「危機」なのか水島朝穂／松川事件伊部正之／危機の時代の「表現の自由」大石泰彦／アメリカにおける「アイデンティティの危機」？志田陽子／「国家による自由」の特質と問題点榎透／公安警察の暴走と脅かされる言論社会内田雅敏／ヒトゲノム・遺伝子解析研究の現場から竹之下誠一／「安全・安心」イデオロギーと統治の「危機」清水雅彦／司法の閉塞状況と裁判官制度改革宮本康昭／「マニフェスト選挙」論の背景と問題点小松浩／ヴァイマル憲法崩壊期の憲法救済的改憲論植松健一／今日の改憲問題の起源金子勝／今日における改憲論の諸相結城洋一郎／カナダにおける憲法改正とカナダ権利自由憲章三三条佐藤信行／書評・市川正人／諸根貞夫／大藤紀子

憲法理論叢書⑭

〝改革の時代〟と憲法

本体二八〇〇円

現代改憲論と憲法学横田耕一／グローバルな立憲主義のかたち君島東彦／憲法改正国民投票制をめぐる現況井口秀作／スイスにおける国民投票の現状と問題奥田喜道／なぜ政教分離なのか長岡徹／憲法裁判の『壁』を越えた亀川裁判津留雅昭／合祀はいやです浦部頼子／障害のある人の権利保障植木淳／「公私区分」再考巻美矢紀／政党政治の変容上脇博之／内閣法制局の憲法学は高度な政治学である中村明／プロフェッションの危機の時代と法律家小沢隆一／委任立法への事後的議会統制田中祥貴／財政の危機？新村とわ／書評・西原博史／倉田玲／河上暁弘／江藤英樹／稲正樹／麻生多聞

憲法理論叢書⑮

憲法の変動と改憲問題

本体二八〇〇円

日本国憲法六〇年と改憲論議の問題点山内敏弘／防衛省昇格問題と憲法九条青井未帆／ロシアの国民投票法竹森正孝／ポスト「冷戦」・EU統合時代におけるイタリア憲法体制の変容高橋利安／教育基本法の「改正」とその法的問題／今野健一／教育基本法改正問題への一視点寺川史朗／緊急事態と憲法川岸令和／ドイツの憲法変動小山剛／対テロ法制と不文憲法の「変動」柳井健一／障害者自立支援法と障害をもつ人の人権武川眞固／単独の個人以外の権利高木康一／ドイツにおける名誉保護をめぐる憲法論議と人格的尊厳濱口晶子／法の下の平等と格差社会岡田順太／信教の自由と選択的助成問題福嶋敏明／外国人の身柄収容とデュープロセス大野友也／えん罪の構図水谷規男／書評・加藤一彦／佐藤修一郎

憲法理論叢書⑯

憲法変動と改憲論の諸相

本体二八〇〇円

議員定数不均衡訴訟の過去と現在野中俊彦／ステイト・アクション法理の根底にあるもの宮下紘／多文化社会における「国籍」の憲法学的考察／栗田佳泰／J・ルーベンフェルドの憲法解釈方法論に関する覚書佐々木くみ／司法審査の可能性と現代行政国家尾形健／ドメスティック・バイオレンスをめぐる法政策小島妙子／アメリカにおける市民権法と表現的結社の自由との相克金澤誠／カナダにおける多文化主義菊地洋／フランスにおける国家の非宗教性原則の運用と共和主義江原勝行／現代フランスにおける「裁判権力」論と権力分立阿部智洋／第一回ミニ・シンポジウム　国家の基本権保護義務小山剛／「国家の基本権保護義務論」とは何か？根森健／日本国憲法における基本権保護義務論の可能性玉蟲由樹／「個人に優しい改憲論」と立憲主義西原博史／民主主義という観点からみた統治構造改革と憲法改正手続法川﨑政司／「立憲主義」論からみた現在の日本における憲法改正論議山元一／書評・石川裕一郎／浦田一郎／木下智史

憲法理論叢書⑰

憲法学の最先端

本体二八〇〇円

EU憲法論の困難・可能性・日本との関連中村民雄／「セックスワーク」・性的自己決定権・人格権中里見博／遺伝子プライバシー論――「遺伝情報」は例外か？　山本龍彦／基本権の間接的侵害理論の展開――斎藤一久／アメリカ合衆国における保護義務論とその含意松村芳明／裁判員裁判の合議体の公共的討議の場としての特質柳瀬昇／イギリス人権法における議会主権と憲法的対話岩切大地／合衆国の公教育における政府権限の限界中川律／フランスにおける病院の非宗教性中島宏／憲法の ratio 福島涼史／いわゆる“Gewaltmonopol”について岡田健一郎／韓国併合――憲法と国際法の問題に即して笹川紀勝／書評・麻生多聞／只野雅人／三宅裕一郎

憲法理論叢書⑱

憲法学の未来

本体二八〇〇円

科学より哲学へ――憲法学の発展？愛敬浩二／〈自由の条件としての国家〉と現代憲法学小貫幸浩／憲法解釈における比較憲法の意義新井誠／信教の自由と政教分離原則の衝突？神尾将紀／公務員の内部告発と修正第一条牧本公明／アメリカ連邦最高裁における「政府言論の法理」についての覚書横大道聡／ドイツ憲法抗告と「憲法」の観念鵜澤剛／環境国家と環境憲法の理論藤井康博／インターネットにおける「有害」情報規制の現状小倉一志／第二院の憲法保障機能木下和朗／「最高裁・国籍法違憲判決を考える」・報告①近藤博徳／報告②木村草太／コメント戸波江二／志布志事件野平康博／憲法理論研究会小史金子勝／書評・渡辺康行／青井未帆／斎藤一久

憲法理論叢書⑲

政治変動と憲法理論

本体二八〇〇円

天変地異と憲法**高見勝利**／福島第一原発事故後の政治システムのあり方**奥田喜道**／民主党政権下における政治主導実現のための改革について**曽我部真裕**／「政治主導」と憲法――「国会中心」構想の可能性**本秀紀**／二院制研究の今日的課題**岡田信弘**／民営化における多元的行政の民主的正当化**高橋雅人**／市民立法の意義と課題**大江洋**／フランス憲法改正による議会手続の変容**徳永貴志**／刑事裁判への「国民参加」とは何か？**今関源成**／刑事裁判は変わったか？**石塚伸一**／「国民の司法参加」「裁判員制度」の教育をめぐる課題**渡邊弘**／刑事的正義と共和主義**成澤孝人**／司法という名の公共性の空間**柳瀬昇**／公務員の政治的自由と政治活動禁止規制の広汎性**船尾徹**／公務員の政治的自由――コメント**石村修**／憲法上の間接差別法理に関する予備的考察**白水隆**／イジメの憲法学**中富公一**／身近にある憲法問題**山村晋**／書評・**毛利透**／**藤井樹也**

憲法理論叢書⑳

危機的状況と憲法

本体三〇〇〇円

憲法学とリスク**棟居快行**／アメリカ憲法とリスク――テロのリスクとテロ対策のリスク**大林啓吾**／国家の環境リスク事前配慮と個人の権利――〈3・11〉後の原子力**藤井康博**／リスク社会と実定法としての憲法**土方透**／国家・賭け・個人**蟻川恒正**／貧困からの自由とは何か**遠藤比呂通**／「生存」権を超えて――二五条へのひとつの視座**遠藤美奈**／貧困からの自由と生存権――国際人権法の観点から**申惠丰**／ポジティヴ・アクションの合憲性**辻村みよ子**／「意味の秩序」と平等**駒村圭吾**／人権（論）の分岐点**佐々木允臣**／公教育の中立性と客観法的統制**棟久敬**／「靖国合祀取り消し訴訟」判決を問う**菅原龍憲**／合衆国判例における「動機審査」・覚書**黒澤修一郎**／比例原則における事実と価値**淡路智典**／日米における司法権発動の具体的要件の背景と枠組み**成瀬トーマス誠**／憲法解釈論としての四段階責任論と責任追及制論の提唱**吉田栄司**／中国の民事裁判における憲法の間接適用とその課題**呉東鎬**／スペインにおける憲法改正の実質的限界論**野口健格**／憲法の言語と社会の言語**高橋基樹**／書評・**浦田一郎**／**西原博史**

憲法理論叢書㉑

変動する社会と憲法

本体二八〇〇円

ステイツ・オブ・デモクラシー――ポピュリズム・熟議民主主義・アーキテクチャ**吉田徹**／立法過程の法的統制――立法裁量・立法目的・立法事実**木村草太**／「政府の憲法解釈」の論理構造とその分析**横大道聡**／福祉・「平等」・憲法**葛西まゆこ**／大阪都構想と大阪維新**上山信一**／大阪都構想と地方政府の形態**岡田順太**／地方自治保障の憲法原理と大都市特別制度**大津浩**／象徴天皇制と憲法学**横田耕一**／原発と憲法**草薙順一**／日本とドイツにおける国籍概念の比較**中村安菜**／列挙されていない権利の保障は何を意味するのか**中曽久雄**／「人間の尊厳」対「人間の尊厳」**押久保倫夫**／多元化・重層化する表現規制とその規律――表現の自由・アーキテクチャ・パブリックフォーラム**成原慧**／受刑者の権利保障――国際人権の可能性**河合正雄**／イギリス障害者差別禁止法（DDA）における平等取扱原則の意味**杉山有沙**／EU食品安全分野の予防原則における健康権の保障**土屋仁美**／アメリカ連邦最高裁における「保護されない言論」の考え方**城野一憲**／書評・**岡田健一郎**／**岩切大地**

憲法理論叢書㉒

憲法と時代

本体二八〇〇円

ドイツ基本法とその周辺―公論による正当化三島憲一／人権理論における「科学的方法」と本質主義の縛り西原博史／Leben und leben lassen!―平和の「科学」、自由の「哲学」西村裕一／戦後憲政史における主権・代表制・選挙権論辻村みよ子／実名報道の自由／知る権利？榎澤幸広／個人の尊厳原理から見た実名犯罪報道、及び、その憲法学上の位置づけ井上知樹／実名犯罪報道と無罪推定の原則飯島滋明／「少国民」世代の憲法研究者の願い杉原泰雄／参議院改革から立法府改革へ大山礼子／現代フランスの刑事法改革にみる法と政治の相互作用石川裕一郎／政治的意思決定における女性参加をめぐる議論彼谷環／適用違憲と違憲審査基準内野正幸／憲法の正統性の時間論的分節化吉良貴之／現代社会と主権―政治体の結合から門輪祐介／企業の社会的責任と人権尊重芹沢斉／イタイイタイ病裁判・裁判後の住民の闘い青島明生／イギリスにおける在外選挙制度宮内紀子／書評・福嶋敏明／實原隆志

憲法理論叢書㉓

対話と憲法理論

本体二八〇〇円

大学自治・制度的保障論・客観的価値決定論小貫幸浩／フランスにおける大学の自治と「憲法ブロック」南野森／アメリカの大学自治と制度理論中林暁生／市民・公務員・教育公務員安原陽平／学問の自由と「中央集権」堀口悟郎／公共領域における「地位の平等」の象徴的宣言巻美矢紀／家族、出自、ジェンダー問題をめぐる領域での平等吉田仁美／今回の風営法改正問題、実際の動き、これからの方向性斉藤貴弘／ＮＯＯＮ摘発の状況と弁護団の主張水谷恭史／ダンス営業規制をめぐる憲法論新井誠／復興事業としての用地取得と憲法菊池優太／フランスにおけるBaby Loup事件とライシテ原則適用拡大の試み中島宏／奴隷的拘束禁止の憲法上の意義小池洋平／多様性の価値とAffirmative Action茂木洋平／死刑・被害者・基本権千國亮介／マスメディアの情報操作の弊害藤井正希／書評・高橋雅人／尾形健

憲法理論叢書㉔

対話的憲法理論の展開

本体三五〇〇円

イギリス憲法における政治的立憲主義者の格闘成澤孝人／「立憲主義」の日独比較―憲政史の観点から赤坂幸一／アメリカにおける「立憲主義」の現在大河内美紀／世界のグローバル化と立憲主義の変容山元一／京都朝鮮第一初級学校威力業務妨害事件冨増四季／ドイツ憲法から考えるヘイトスピーチ規制毛利透／アメリカにおけるヘイト・スピーチ規制の歴史と現状奈須祐治／討議空間の均一化と「プレス」の「内部規律」水谷瑛嗣郎／「サイバーパトロール」の法的性質實原隆志／トランスナショナル憲法の構造西土彰一郎／法律制定後における立法者の憲法上の義務入井凡乃／フランス財政法制の転回と国家像岩垣真人／フランスにおける執行権の政治責任原理とその「刑事化」三上佳佑／イタリア共和国憲法における「地域国家」と連邦制芦田淳／ベルギーの第六次国家改革（二〇一二―一四）と連邦化のゆくえ武居一正／神奈川県臨時特例企業税条例事件について松本賢人／憲法二四条によるジェンダー差別是正の可能性川口かしみ／生殖補助医療における法の役割建石真公子／対テロ戦争における手続的デュー・プロセス保障今井健太郎／憲法構成権力の概念浦田賢治／憲法と教育法の研究五〇年永井憲一／書評・小沢隆一／吉田仁美

憲法理論叢書㉕

展開する立憲主義

本体三〇〇〇円

緊急事態序説長谷部恭男／B・アッカマンのemergency constitution論・再考木下智史／フランスにおける緊急状態をめぐる憲法ヴォードヴィル村田尚紀／緊急事態に対する「行政による統制」?・高橋雅人／緊急権と「外見的立憲主義」長利一／裁判所における国際法規範の「参照」手塚崇聡／憲法の「拷問禁止」規範阿部純子／デュー・プロセスの概念史清水潤／憲法上の「権利」と利益について金原宏明／憲法における「私人間効力」論の現状分析平松直登／人民主権の実現と裁判所の果たすべき役割川鍋健／わが国における「司法審査と民主主義」論の経緯と展望市川正人／「反多数決主義という難問」の存在意義に関する若干の考察金澤孝／フランスにおける人種差別表現規制について光信一宏／「保護されない言論」と内容規制菅谷麻衣／同性婚をめぐる合衆国最高裁の「論理」的展開上田宏和／「患者の自己決定権」の憲法上の定位について牧野力也／生存権と責任辻健太／川内原発稼働差止訴訟について工藤伸太郎／書評・植木淳／西土彰一郎

（＊価格は税別です）